做最擅长的事

ZUO ZUISHANCHANG DE SHI

SHENNANPENG ZHUAN

沈南鹏传

张笑恒 著

中国出版集团

现代出版社

图书在版编目（CIP）数据

做最擅长的事：沈南鹏传 / 张笑恒著. -- 北京：
现代出版社, 2016.1
ISBN 978-7-5143-4432-5

Ⅰ.①做… Ⅱ.①张… Ⅲ.①沈南鹏 – 传记 Ⅳ.
①K825.34

中国版本图书馆CIP数据核字（2015）第290656号

做最擅长的事：沈南鹏传

著　　者	张笑恒
责任编辑	杨学庆
出版发行	现代出版社
地　　址	北京市安定门外安华里504号
邮政编码	100011
电　　话	010-64267325 64245264（传真）
网　　址	www.1980xd.com
电子邮箱	xiandai@cnpitc.com.cn
印　　刷	三河市嵩川印刷有限公司
开　　本	787mm×1092mm　1/16
印　　张	18
版　　次	2016年2月第1版　2021年2月第2次印刷
书　　号	ISBN 978-7-5143-4432-5
定　　价	49.80元

中 篇 缔造创业神话的商界领袖

下 篇 演绎风投界传奇的资本玩家

前　言

　　2015年，《财富》杂志中文版公布了"2015年中国最具影响力的50位商界领袖"排行榜，沈南鹏作为唯一一位基金投资人入榜，与他同列前十的还有马云、马化腾、雷军、王健林等风云人物。

　　对于大众来说，沈南鹏貌似不像以上风云人物那么如雷贯耳，但这样的荣誉对于沈南鹏来说早已习以为常。自2012年开始，沈南鹏就蝉联福布斯的年度全球最佳投资人榜单中排名最高的华人投资者，曾连续四年被评为福布斯中国最佳创投人……沈南鹏所带领的红杉中国被誉为"创业者背后的创业者"，多年来先后投资京东、阿里巴巴、唯品会、聚美优品、美团网等知名公司，并成功地推动这些公司上市。

　　但沈南鹏的过人之处绝不像如今的投资人，早在十几年前，沈南鹏还不是投资人，还在创业时就已经表现出异于常人的创投眼光。1999年沈南鹏创办了携程旅行网，仅仅4年后的2003年携程网在美国上市，如此短的时间就取得这样的成就，已是"不可能的任务"，但更令人吃惊的是3年后沈南鹏创办的如家酒店也在美国上市。3年内带着两家公司成功上市，沈南鹏似乎有点石成金的能力，自此以后，他创造着一个又一个传奇。

虽然"小时了了，大未必佳"的例子非常多，但天才也往往自小就崭露头角的。少年时代的沈南鹏同样令人惊叹：年少时长于数学，曾获得全国数学竞赛一等奖、美国中学生数学竞赛海外区冠军、第一届全国中学生计算机竞赛奖牌，免试进入上海交通大学，耶鲁大学MBA毕业生，此后更是先后在花旗银行、雷曼兄弟公司、德意志银行任职……

本书依据时间顺序，分为上、中、下三篇。上篇讲述沈南鹏年少求学、初入职场的经历，这一阶段的奠基对于沈南鹏日后的人生道路有着深刻的影响，尽管沈南鹏一直是成绩优异的高才生，但是他也遭遇过困惑，遭遇过求职寒冬。

中篇讲述了沈南鹏事业的第一个巅峰，全方位展现沈南鹏辞掉工作，回国创办携程网的过程，以及后来创办如家酒店，还有沈南鹏、梁建章、季琦、范敏被称为"携程网四君子"的这个团队是如何配合的。通过细致描写沈南鹏面对"互联网寒冬""非典"等危急情况的应对方法，展现出一个具有非凡能力的创业者所应拥有的品质。

下篇讲述的是在携程网、如家相继上市取得了巨大成功后，沈南鹏创办红杉中国，开始了事业的第二个巅峰。这一阶段的沈南鹏不再是创业者，但是他却帮助无数的创业者圆梦。沈南鹏说自己要投资出百年老店，他的投资动向时刻被人关注着，甚至有人笑称："沈南鹏投资哪里，就买哪里的股票。"这充分说明了沈南鹏在中国投资界举足轻重的地位。

这本书不仅仅是关于沈南鹏的传记，也是一本关于"创业""投资"的经验分享集。沈南鹏在关键时刻是如何抉择的，他能亲手打造两家上市公司有什么秘诀，其创业心得、投资标准都在本书中巨细无遗地加以讲述。这些都是沈南鹏用十几年的经验积累下来的宝贵经验，对于想要创业或者想要做投资的人来说是难得的知识。

辉煌过后，沈南鹏没有停止脚步，他还将继续掌舵红杉中国，瞄准投资蓝海，让我们共同期待沈南鹏书写更多投资传奇！

"天才"的成长之路

ZUO ZUISHANCHANG DE SHI
SHENNANPENG ZHUAN

第一章 品学兼优的少年时代

1.幸福快乐的童年时光

1967年，浙江海宁，一个男孩诞生了，取名叫沈南鹏。浙江海宁是一方人杰地灵的水土，"楼观沧海日，门对浙江潮""山寺月中寻桂子，郡亭枕上看潮头"等著名诗句都是对那里的赞誉。海宁风景秀丽，加之壮阔的钱塘江大潮，古往今来诞生了无数文人骚客。如唐代诗人顾况，宋代女词人朱淑真，明代史学家谈迁，清代诗人查慎行，国学大师王国维、徐志摩、穆旦，还有金庸等名人。

成长在这一片土地的沈南鹏自幼就受到熏陶，他的童年是安逸宁静的。沈南鹏对世界充满了好奇心，他的小脑袋里装满了奇怪的问题："彩虹为什么有七种颜色？磁铁为什么能吸住铁？天为什么会下雨？地球为什么是圆的？"当时家里还没有自来水，只能在井里打水喝，为了水质清洁，必须要用明矾过滤，沈南鹏见到了就问妈妈这东西有什么作用，结果他蹲在水桶旁研究了一个下午，还抓了一把麦草灰放进水里，看看能不能过滤，这奇怪的举动实在让妈妈哭笑不得。

好奇心是爱学习者的第一优点，沈南鹏的好奇心让他学到了很多知识，他整天问个不停，后来大人实在没办法了，只好给他买了几本《十万个为什么》，这成了沈南鹏最喜爱的丛书。

5岁那年，沈南鹏被大人带着去看了一次著名的钱塘江大潮，这一次经历深深地印在他的脑海里，数丈高的浪潮给沈南鹏的心理带来了强烈的冲击，也给他留下了壮怀激烈的心胸。

沈南鹏从小就有两个性格特点特别强：好胜心和好奇心。这种性格使得沈南鹏一定要做最优秀的学生。从这样一件小事可见一斑：沈南鹏去跟着哥哥钓鱼，结果哥哥钓到了好几条大鱼，而他自己却只钓到了几条小鱼，天色将晚的时候，哥哥提出回家，结果沈南鹏却气鼓鼓地说："不回！我不钓到大鱼就不回家！"

炎热的夏季，热得树上的知了都打了蔫儿，对于孩子们来说正是在户外打水仗的时候。在孩子们的欢笑声中，沈南鹏却坐在自己的小书桌前，用铅笔写写算算，思考那些复杂的公式。沈南鹏的妈妈是一家国有企业的领导，为了让孩子能有一个良好的教育环境，妈妈在沈南鹏7岁的时候把他送到了上海的姑姑家。一来是姑姑家没有孩子，可以照顾他上学；二来是爷爷刚刚去世，家里没有人照看他。

沈南鹏对那个好像很遥远的上海充满了幻想，他开始想象那地方是否真的像爸爸妈妈说的那样美丽，是不是每家都有能放电影的"小箱子"；那里是不是还有很多老虎、长颈鹿，是不是有很多高楼大厦……带着这份幻想，沈南鹏踏上了上海的土地，开始了新的生活。

可以说，宁静的海宁小镇赋予了沈南鹏温良的性格，而大都市上海造就了沈南鹏的精明与干练，使他的天赋得以充分发展，让他受到了几乎是全国最优秀的教育。小孩子学东西本来就快，在上海没几个月，沈南鹏就学会了一口地道的上海腔，"阿拉"不离口，还学会了很多上海人的节俭美德。有一次妈妈带着沈南鹏去菜市场买菜，沈南鹏居然告诉妈妈少买几根葱就够了，因为可以省钱。从那时起，沈南鹏身上就已经有上海商人的气质了。俗话说"三岁看到老"，沈南鹏对数字的敏感在年幼时已经初见端倪。紧接着，在上海的课堂里，沈南鹏真正找到了自己的乐趣。

2.数学"小神童"

沈南鹏上学了，没过多久就展现出惊人的学习能力，尤其是数学天赋更让人惊叹。更重要的是沈南鹏跟别的孩子不一样，他特别喜欢做数学题，并不喜欢出去玩，每解开一道复杂的数学题他都能乐上半天。沈南鹏迷上数学之后，基本上就不关心课外的任何东西了。在姑姑的同意下，他每周都到上海市少年宫数学组参加少年班，每次学习两个小时。上海市少年宫有着悠久的历史，原是英国籍商人的私人别墅，由大理石建成，这座拥有百年历史的大理石殿堂，有着少年沈南鹏流下的汗水和付出的努力。

沈南鹏学习一直很刻苦，在小学三年级时他就已经是班级里的尖子生了。沈南鹏给他的小学班主任留下了深刻的印象，不仅仅因为他的学习成绩优异，更因为他有一种特质让人难忘。班主任印象最深刻的是沈南鹏刚刚上三年级时，班级里转学来一个北方孩子，有点被大家排斥，后来这个孩子在搬动桌椅的时候跟另一个同学起了冲突，就厮打起来。

等到班主任赶到时，发现两个孩子已经和好了，再细打听一下，原来是沈南鹏把两个男生拉开，分别和二人"密谈"了几句，他们就和好了。班主任每每提到这件事，都表示沈南鹏这个小孩不简单，并不只是他的成绩优秀，而是这么小的年纪就能轻松解决同学之间的矛盾冲突，所具备的能力是其他小孩子没有的。

班主任曾对沈南鹏笑言："沈南鹏，你的名字很有气势啊，是南方飞来的大鹏鸟？"沈南鹏不好意思地笑了。很多小孩子读书都是老师教什么，自己就学什么。沈南鹏可不是这样，沈南鹏是主动地学、主动提问，能触类旁通，会举一反三，每做一道题都跟"打仕"一样，一定要打败难题才行。他不仅数学成绩优秀，其他科成绩也非常好，他不允许自己的成绩下降，他很让家长省心，学习从来不用别人督促。

1979年秋季，稚气未脱的沈南鹏迈入上海市第二中学的大门，短短几个月内，沈南鹏就成了老师和同学们重点关注的对象。因为沈南鹏的学习成绩太优秀了，尤其是数学成绩，堪称数学天才。在这里，沈南鹏拿到全国数学竞赛一等奖，更夺得了美国中学生数学竞赛海外区冠军。在那次汇集了全世界数学尖子的竞赛中，规定在3个小时内完成150道数学题，沈南鹏答对了145道，这个成绩在全世界都是首屈一指的。在上海这座教育非常发达的城市里，在第二中学这所拔尖的学校里，成绩好的学生遍地都是，而沈南鹏又是其中的佼佼者，如同鹤立鸡群，光彩照人。那年中考，总分一共600分，沈南鹏考了594分。

除了在数学上有极高的天赋外，沈南鹏还有着异常出色的计算机天赋和能力。1982年，国家举办第一届全国中学生计算机竞赛，年仅15岁的沈南鹏并没有过多接触计算机，但因为其出色的数学能力被学校选为代表出征。而沈南鹏也没有让人失望，一路过五关斩六将，最终顺利拿到了奖牌。

多年之后，沈南鹏回忆起当年优异的学习成绩时说道："很多情况下并不是说你有多大的才能，而是你有时间的投入必然会有回报。"沈南鹏对于自己的数学天赋一点儿也不沾沾自喜，他知道自己有天赋，但更知道这是因为自己付出了百倍的努力，才换来了如此耀眼的成绩。

3.免试入读上海交通大学

上海交通大学是一座历史悠久、学术氛围极其浓厚的大学，其前身为创办于1896年的南洋公学。在百年的辉煌历程中，上海交通大学走出了无数优秀人才，为中华民族做出了突出贡献。

1985年，沈南鹏手里正捧着上海交通大学的录取通知书，站在牌坊式的古朴校门前留影。他是上海交通大学首批免试录取的学生，不必考试直接进入这座殿堂级的学府。

踏过林荫小道，穿过古朴的拱桥，沈南鹏走在上海交通大学校园里，一种前所未有的感觉油然而生，他感觉到自己还有更加辉煌的未来等待去铸造，他有些按捺不住心里的激动。他上大学学的专业自然是数学，而他也如愿进了应用数学系试点班。上海交通大学的数学专业位居全国前十，沈南鹏将接受全国最顶尖的数学教育。在这里，他不仅完成了教材的学习，闲暇时间就去图书馆。当时的他觉得，数学就是他的全部。

虽然成绩一直很优秀，但沈南鹏可不是只会读书的书呆子，他总能做出让人大吃一惊的事情。

上海交通大学里面人才济济，在强烈的竞争气氛下，沈南鹏的好胜心彻底被点燃了，要做就做到最好，要当就当"老大"。学校里有非常多的活动，如歌手大赛，演讲，辩论比赛，名人专家对话，等等，沈南鹏开始思考自己应该做点什么，或者说能够在数学学习之外为大家做点什么。

观察了没多久，沈南鹏就决定加入学生会。学生会是一个为学校和学生服务的组织，正适合沈南鹏的初衷。因为学生会干部要处理大量事务，正可以锻炼自己的能力。沈南鹏通过师兄的帮忙，在学生会里先从最简单的工作开始做起，逐渐熟悉学生会的工作流程，而在这期间，沈南鹏也因为成绩出色被任命为学习部部长。

在学生会锻炼了许久之后，正恰逢数学系学生会换届选举，沈南鹏做出了一个大胆的决定：竞选学生会主席！因为按照惯例，学生会主席一般都由大四学生担任，几个候选人都是大四的学长，而沈南鹏却打破这一惯例，正如他本人所言："惯例的存在，就是为我去打破而准备的。"沈南鹏当时的想法是一定要当上学生会主席。

沈南鹏用百倍的热情去给同学们演讲，给同学们发传单，还制订了详细的施政计划。经过一系列的努力，沈南鹏最终以压倒性的优势战胜学长，高票当选为上海交通大学数学系新一届学生会主席。

朋友们纷纷为他庆贺，恭喜他打破了惯例。沈南鹏在演讲的时候非常兴奋，他说道："感谢校领导和同学们对我的信任，我会为同学们提供最优质的服务！"沈南鹏做这个学生会主席没有一点私心，他要的根本不是普通的荣誉，他就是想既帮助同学们，又锻炼自己的能力。

刚当上学生会主席的沈南鹏"新官上任三把火"，他把其他学生干部找来，阐述自己的想法，为同学们展开全方位的服务。最后，沈南鹏的这三把火烧得同学们非常满意，施政满意度高达92%，这是5年来学生们对学生会主席的最高评价。

沈南鹏刚刚上大一的时候，就获得了学校的推荐名额，被授予"上海市三好学生"称号。当时上海市决定组织考察团，带着这些学子前往四川边远山区进行了一次考察。

一行人抵达的第一站是岷江，是蜀文明的发源地。蜀地自古以来以奇险雄绝的山峰和水流征服了无数旅行者，李太白早有诗云"蜀道之难，难于上青天"，蜀地富饶，风景优美，还有可以追溯到五千年前的三星堆文明。自幼在上海长大的沈南鹏，在那里聚精会神地听着三星堆的故事，带着千年历史文化的冲击，沈南鹏跟着同学们离开三星堆，去往阿坝州。

阿坝州全称是阿坝藏族羌族自治州，位于四川省西北，与青海、甘肃交界处，是四川省第二大藏族聚居区和全国主要的羌族聚居区。带队老师介绍说，当地的藏族人是松赞干布时期从西藏迁过去的，他们自称阿瓦人。当年红军二万五千里长征说的爬雪山、过草地，说的就是这里，所以阿坝州也被称为"雪山草地"。

随后沈南鹏等人来到汶川县，当年的汶川县风景秀丽，民风淳朴，学生们二人一组到当地居民家中做客。沈南鹏等被热情的主人请进屋子里，让他们品尝特色食品，使得沈南鹏感动不已。在离开的时候，热情的主人在学生们的背包里塞满食物，很多女生都被感动哭了，沈南鹏的鼻子也有点酸，他已经跟当地的村民们产生感情了。

最后一站，他们来到甘孜州理塘县的一个小山村，这里属于国家级贫困县，地处偏远、交通不便，沈南鹏和同学们在这里感受到民生之艰苦，看到当地村民连赶集都要翻山越岭，生活用水都要计算着使用，他的心里很不是滋味。

那一次四川之行，让久居上海大都市的沈南鹏见识到了祖国壮丽的山河，同时也看到了很多书本上闻所未闻的东西，对沈南鹏世界观的形成产生了很大的影响。

第二章　留学美利坚，从哥伦比亚到耶鲁

1.数学世界里的困惑

1989年7月15日，刚刚在上海交通大学数学系毕业的沈南鹏抵达美国纽约。那一年的他才21岁，怀揣着成为数学家的梦想，准备到哥伦比亚大学去继续学习数学。在所有他申请过的大学里，这所位于曼哈顿晨边高地、濒临哈德逊河的大学给了他最高的奖学金。

当时，沈南鹏身上只带了300美元，到9月开学前他没拿到哥伦比亚大学的奖金，手中没有多少钱，只好与住在纽约皇后区的一位同学挤在一个房间里。

哥伦比亚大学位于纽约市中心，是美国最著名的学府之一，为常青藤盟校，于1754年根据英国国王乔治二世颁布的《国王宪章》

而成立，是美国最古老的学校之一，不仅历史悠久，其学术排名在美国大学里也位列前十。哥大的医学、法律等都出类拔萃，闻名世界，但沈南鹏还是选择了他最痴迷的数学专业。

有一句电影台词是这样说的："酒好喝就是因为它难喝。"数学对于沈南鹏正是如此，让人头晕目眩的高等数学，沈南鹏越学越有味道，他觉得数学是世界上最有趣的东西。当别人在外面游玩的时候，沈南鹏却坐在图书馆，翻看他痴迷的数学书籍。

异域求学生活开始了，对于很多非美国籍学子来说，要融入哥伦比亚大学的生活圈并不容易，尤其是亚洲人在美国，饮食、风俗都不习惯，很多学子因为无法融入当地生活而导致精神压力大，甚至退学。沈南鹏对此并不担忧，他为人谦和，会一口流利的英语，再加上年幼时就有离家在上海求学的经历，因此面对陌生的环境毫不畏惧。

原本家里人也担心沈南鹏无法适应美国的生活，没想到他很快就在哥伦比亚大学立足，并且还结交了一大群国际友人，其中就有一位来自印度的学生嘉噶。

沈南鹏虽然沉迷于数学，常常泡在学校图书馆，但是他也很注重社交，尤其关心自己要好的朋友。嘉噶身体瘦弱，有一次大病一场，连日躺在床上养病，而宿舍里的同学早就出去玩了，没有人陪他。嘉噶正在床上悲伤之时，突然听见有人敲宿舍门，打开一看，原来是沈南鹏，他手里还拎着印度特有的水果。沈南鹏的行动把嘉噶感动得热泪盈眶，也温暖了嘉噶的心，在遥远的美国，两个同样相隔甚远的人结下了深厚的友谊。

正是因为沈南鹏这种待人处事方式，他认识了许多同样热情友善的好朋友，逐渐地融入哥伦比亚大学的圈子，还参加了一些体育娱乐活动。哥伦比亚大学的生活氛围很好，沈南鹏对此很满意。然而事情却慢慢起了变化，原因是沈南鹏逐渐开始怀疑自己的数学天赋。

哥伦比亚大学数学系在全球都是顶尖的，在这里聚集了非常多的数学天才，原本在上海交大数学成绩遥遥领先的沈南鹏此时发现自己的数学成绩在这里并不突出，这可是他一直以来最擅长也最自信的特长，他开始困惑自己过去数学那么突出的原因到底是什么，是真的有数学家的天赋，还是只是因为大量的练习而造成的假象。

沈南鹏第一次陷入巨大的困惑与苦闷之中。在那段日子里，他常常在哥伦比亚大学美丽的校园里独自漫步，思索着自己未来的方向，思考着自己的真正兴趣。他是个聪明人，很快就明白自己并不是自己曾经以为的数学天才，之前的数学成绩好是因为自己对数学真的感兴趣，同时每周都要泡在少年宫里做难题，上大学后也一直不断地加强练习，自己所拥有的是熟练的运算而不是天赋。

后来回忆那段经历的沈南鹏说："这么多年的数学训练，让我的逻辑思维能力很强，便误以为自己能成为数学天才和专家，但这两者并不画等号。"

沈南鹏注意到自己跟那些真正有数学天赋的人之间有着很大的

差距，而自己对于数学的"熟练"也不足以支撑自己成为一名数学家，人才济济的哥伦比亚大学让沈南鹏真正地审视了自己，真正开始思考自己的人生方向。

那么，数学这条路若走不通，应该走哪条路呢？

2.告别数学，重新定位自己

面对人生的重大抉择，聪明的沈南鹏也犹豫不决。因为他已经在数学上下了多年的功夫，在哥伦比亚大学也有着不错的成绩和学分，放弃的话实在太过可惜，这意味着将要放弃自己多年积累的优势，从头再来。但痛定思痛，如果坚持学习这个并不适合自己的专业，就很有可能会平庸一生，也许能回国在某所大学里教数学，混个大学教授，对于大多数人来说这也足够，但是这对于好胜心极强的沈南鹏来说是不能忍受的。

很快，沈南鹏心不在焉的状态被朋友们发现了，大家纷纷给沈南鹏出谋划策，其中以"稳重"派居多，也就是大部分朋友都不建议他改换专业，毕竟学习了那么多年，如果放弃的话，难道要二十几岁重新再学一门新科目不成？

沈南鹏不置可否地苦笑，他何尝不知道朋友们说的都有道理，可是以后真的要继续学习不适合自己的专业吗？真的要靠数学谋生吗？但促使他做出决定的并不是过多的思考，而是一个不期而至的机会。多年之后沈南鹏回忆起当时的状态："当时做出那个决定还真不容易，缘于一个偶然的契机。"

坐落在纽约曼哈顿岛中央的纽约中央公园是一个完全人造的自然景观，内有浅绿色草地、树木郁郁的小森林、庭院、溜冰场、旋转木马、露天剧场、两座小动物园、可以泛舟水面的湖、网球场、运动场、美术馆等等，求学时的沈南鹏经常去那里散步。

无法做出人生第一个重大抉择的沈南鹏有一天心情烦闷地走到纽约中央公园的草坪上，他想散散心，便躺在一棵大树下，仰望着头顶上的树冠。沈南鹏侧了侧身，发现身旁有人遗落下一本书，书的字体他也熟悉，是一本繁体中文的线装书，上面写着《六祖坛经白话本》。无所事事的沈南鹏便翻开书读了两页，发现还蛮有趣，就一页一页地翻下去，不知不觉读了3个小时，在远方的落日还未消失的时候，他读完了整本书。

沈南鹏站起来，望着远处的残阳，目光却变得异常坚定，他受到书中内容的引导，已经明白人生不是一个委屈自己的过程，趁着年轻应该找寻自己生命的意义，他当即做出了放弃数学、改学其他专业的决定。

身在世界金融中心纽约的沈南鹏，其实早已经接触到了美国的商业社会，华尔街的金融投资氛围已经在不知不觉中影响了他。他还了解到有一个中国留学生进入华尔街中最好的公司，这个留学生有一门考试没有通过，博士学位没有拿到，但是却进了华尔街最好的金融公司。这件事给了沈南鹏很大的触动。

后来沈南鹏对一个记者说道："我来哥伦比亚大学学习原本是想看看自己能不能成为一个很好的数学家，结果却发现即使我没有这个能力，也可以向其他方向发展，比如说证券、商业等，都是很好的方向。"

学MBA需要一定的数学基础，这样也不至于把自己之前所学的全部扔掉，而且也不用从头开始学习，所以沈南鹏选择了转学考MBA，同时希望毕业后能在金融世界里打拼。

沈南鹏说做就做，积极备考耶鲁商学院，良好的基础加上后来的勤奋，他很顺利地拿到耶鲁大学的通知书，到此，他这才敢打电话跟家里人说自己转学换专业了。家里人倒是很理解他的做法，尤其是母亲更是很高兴地接受了。沈南鹏后来回忆说："我母亲以前就是一个国有企业的负责人，也许冥冥之中，经商还真是一种家族的遗传吧！"

沈南鹏对自己的选择十分自信。在1990年，很多国人连MBA是什么还不知道，但他相信自己终究会在这方面大放异彩，他相信自己有这个能力，已经做好了准备，等待绽放的那一天。

3.转战耶鲁，继续求学之路

耶鲁大学位于美国的康涅狄格州纽黑文，跟哈佛大学和普林斯顿大学齐名，是美国最具影响力的顶尖私立大学之一，培养出多位美国总统以及无数政界、商界名人。

这里曾经培育出了5位美国总统：塔夫脱、福特、老布什、克林顿、小布什。还培养出无数个诺贝尔奖得主及众多美国商界领袖、影视明星。

许多中国人曾经留学耶鲁，也都成就一番功名，如詹天佑、颜福庆、晏阳初、李继侗、杨石先、施汝为、陈嘉，等等。从这里走出去的学生，日后几乎都做出了一番成就。沈南鹏不禁有些壮怀激烈，看着古朴的校园，他也想像"学长"们一样，做出自己的事业来，他等待着自己人生的辉煌时刻。

耶鲁商学院最初在美国各大商学院中并不突出，但是在沈南鹏入校时已成为美国最好的商学院之一。

事实证明，沈南鹏的选择是无比正确的，耶鲁果然没有让他失望。商学院的教学课程很注重实践性，学生常常有机会进入各大公司进行"实战演习"，在课堂上引用的案例大都是来自世界知名的大公司，贴切而实用，一切理论知识也都针对实际情况。

除了紧张的学习，耶鲁大学的生活也颇让沈南鹏满意，尤其让他难忘的是一位叫格雷的同学。格雷长着满脸的络腮胡子，金色的头发卷卷的，来自纽约乡下，为人正直而淳朴。格雷是一个非常认真又执着的学生，常常因为某些问题跟别人争执，有时候还会跟老师争执起来，非要辩出个对错高低不可。就是这一点让沈南鹏觉得他是个可以结交的好友，两个人很快熟悉起来。

后来，格雷喜欢上一位华裔女孩，单纯的他不知道怎么开口求爱，只好向来自中国的沈南鹏求教，格雷觉得沈南鹏一定知道亚洲人追女孩的方式。尽管后来格雷没有能够跟那位华裔女孩成为恋人，但是格雷跟沈南鹏的关系倒是日渐深厚，沈南鹏就是有这样的能力，总能结交到真正的朋友。耶鲁的一位老师对这个来自中国的学生印象深刻，他回忆道："沈南鹏对学业很专心，为了一个课堂讨论他肯花一周的时间准备，我常常惊叹于他的认真。他刚入学时基础不好，可能因为他本科不是学的工商管理，中途转专业的缘故，但是沈南鹏的进步是明显的，几乎可以确信，我每次上课都会感到他的进步，有这样好学的学生是教师的骄傲。"

因为是中途转学，所以沈南鹏在耶鲁大学并没有学习多久，总共只有两年的时间，但是这两年带给沈南鹏的东西却足以改变他的一生。耶鲁大学教会沈南鹏很多知识，使沈南鹏的思想和眼界提升上了一个高度，沈南鹏没有让家人和老师失望，他在耶鲁也取得了非常好的学习成绩。

从数学硕士到MBA，中间的跨度不可谓不大，成功的秘诀正如沈南鹏多年以后所说："很多情况下，并不是说你有多大的才能，而是你有时间的投入必然产生回报。"

在耶鲁的日子多姿多彩，沈南鹏在学习中成长，孜孜不倦地吸收着知识。他知道一踏出这座校门，就将要面对残酷的竞争，再也没有庇护所遮风挡雨了，所以更加需要通过努力学习来充实自己。他在图书馆如饥似渴地读书，在草坪上思考问题；他也跟朋友们参加体育活动，锻炼自己的体魄。为了实现自己的志向，沈南鹏在遥远的大洋彼岸不断学习，然而这还只是起点而已，更大的挑战在等待着他。

第三章　投行修炼，职场腾飞

1.MBA的高才生遭遇就业严冬

1992年，沈南鹏从耶鲁大学商学院毕业，获得MBA学位。

从校长手里接过学位证书后，沈南鹏平复了一下心情，他最后一次漫步在美丽的校园。学校里到处都是忙着拍照留念的毕业生，离别的忧伤感染着每个人，但忧伤的背后仍然隐藏着即将开始全新生活的喜悦，沈南鹏跟他们的心情一样，对未来充满期冀。

沈南鹏跟其他应届毕业生一样，毕业后就一头扎进了茫茫求职路，开始为工作奔忙。意气风发的沈南鹏以为手握耶鲁MBA的文凭走到哪里都会是座上宾，却万万没有料到自己作为堂堂耶鲁大学的高才生居然会遭遇求职寒冬，被一次又一次地拒绝。

沈南鹏为什么屡屡遭拒？因为他读的是MBA。虽然现在大家一听MBA立马就有金光闪闪的感觉，那绝对是学历中的高大上，而且如今中国的著名大学也开设了MBA课程，受到学生们的推崇，拿到MBA文凭的毕业生要谋一个好职位绝对不是问题，但在当时可不是这么回事。沈南鹏说："我毕业后找工作时很不顺利，念MBA在当时非但不像现在这般热门和必须，说实话，它是个什么东西都有很多人不知道，对于大众，甚至是一般大学生而言，都是十分陌生的。"在MBA尚不为人知的情况下，沈南鹏求职自然不会顺利。对于自己的劣势，沈南鹏看得很清楚，他表示："事实上，MBA毕业的中国人找工作很困难，美国人认为中国人在美国做投资几乎没有任何优势，谁也不会想到有一天我会回中国做投资，帮助中国企业上市，更没有想到会回中国做互联网。跟美国人同时竞争同一个职位的时候，是看学习成绩吗？说实在的，成绩都差不多，关键看你对商务的理解。"当时美国的经济也不景气，就业率也很低，而MBA毕业生多，耶鲁大学有200人，哈佛大学有700人，斯坦福大学有400人，这加起来就有1000多人了，再加上其他学校的毕业生就更多了。何况沈南鹏还是一个毫无经验的中国人，四处碰壁是再正常不过的事情了。

　　因为当时美国的商务化进程已经非常发达，美国的孩子都有从小赚钱的经历，家里稍微有点钱的孩子可能十五六岁就炒过股，还有一些甚至20岁就开过公司。而众多像沈南鹏这样从幼儿园开始念书，一直到二十几岁才停止念书的中国人，根本没有任何市场经验。沈南鹏甚至在进入耶鲁大学前连《华尔街日报》都没看过。在华尔街，看着高耸的摩天大楼、川流不息的人群，看着西装革履的金融精英在各个大楼之间穿梭，沈南鹏浑身上下每一个细胞都挤满了羡慕。此时的他除了一张MBA毕业证，什么都没有。

在就业寒冬中奔走的沈南鹏并没有因此意志消沉，而是不断地投出简历，那段日子过得很苦，幸运的是苦日子终究会过去。

2.屡败屡战，敲开花旗银行的门

沈南鹏为自己的职业做出了两种规划：一是进入投资银行，二是进入咨询公司。这既是沈南鹏的专业使然，也是没有办法的选择，他只能选择这两个职业。沈南鹏对自己进行了详尽的分析，做商业咨询需要大量的商业经验，而他的经验为零，所以进入咨询公司这条路基本不通。而自己多年的数学功底还在，逻辑能力也比较出众，对数据和判断比较敏感，所以去投资银行应聘是非常正确的选择。

在那段日子里，沈南鹏跑遍了华尔街，面对的是一次又一次的拒绝。他说："当时市场环境不是很好，找工作比较困难。我是刚毕业的学生，没有什么工作经验，更不认识什么人，还是亚裔，没有任何优势。"屡屡碰壁反倒激发了他内心的斗志，他想起孟子说过的话，"天将降大任于斯人也，必先苦其心志，劳其筋骨，饿其体肤，空乏其身"，他发誓一定要在这里站稳脚跟，否则誓不罢休！

一次又一次投简历、赶面试，沈南鹏最终来到花旗银行的大门前。在此之前，他已经被十几家公司拒绝。花旗银行总部坐落于美国纽约派克大道399号，是世界上最古老的商业银行之一，将近两个世纪的发展让花旗银行成为全球最大的金融服务机构，在全世界超过100多个国家给人们提供金融服务，其业务范围是同类银行中最全的，而且实力也最雄厚。

面对着这样一家超级大公司，沈南鹏心里也没底，如果再被拒绝，他可能真的要怀疑当初转学转系是否正确了。

在招聘程序上，花旗银行跟其他招聘公司一样，先是筛选面试者的简历，选择符合要求的应聘者参加公司的面试，只不过花旗银行的面试次数比较多。先是笔试，用英语进行作答；然后进入第一轮面试，主持面试的是人力资源部；紧接着是具体用人部门再次面试，一般要经过五六轮面试。

花旗银行的面试非常严格，所以没有高素质是不可能应聘成功的。不过花旗银行倒不特别注重毕业生的工作经验，应聘者的简历以及在面试时表现出的能力，是花旗银行更为关注的。

沈南鹏在花旗银行经过了整整五轮面试，其间被问到各种奇怪的问题，比如："一个美国人在菜市场上做生意。第一次，8美元买了一只鸡，9美元卖掉了；第二次，10美元买了同样的一只鸡，11美元又卖掉了。那么，这个美国人到底是亏了，还是赚了？如果亏了，应该是亏多少？如果赚了，又是赚多少？"这种问题的答案不是唯一的，主要是看能否让面试官感到满意。

当时参加面试的有一个美国人、一个日本人，第三个人就是沈南鹏。3个人给出了3个不同的答案：美国人认为是赚了2美元；日本人认为是亏了2美元；沈南鹏认为是亏了4美元。

美国人是这样解释的：同样的一只鸡，第一次买一只，第二次买一只。第一轮交易：8买9卖，9－8＝1，赚了1美元。第二轮交易：10买11卖，11－10＝1，赚了1美元。两次交易相加：1+1＝2，所以赚了2美元。

日本人的试算是这样的：同样的一只鸡，一口气买两只。第一次交易：8买9卖，9－8＝1，赚了1美元。第二次交易：8买11卖，11－8＝3，赚了3美元。两次交易相加：1+3＝4，本来要赚4美元，但是，他只是赚了2美元，所以是亏了2美元。

而沈南鹏是这样认为的：同样的一只鸡，一口气买两只，一次性交易：8买11卖，（11－8）×2＝6，可以赚到6美元。但是，他只是赚了2美元，所以是亏了4美元。

沈南鹏的答案新颖有意思，让花旗银行的面试官很满意。这次面试中，沈南鹏的数学功底起了很大的作用，他优异的数学能力和逻辑分析能力使面试官赞叹不已，即便这个小伙子来自当时相对落后的中国，即便他毫无经验，但是仍然将他留了下来。就这样，沈南鹏凭借自己的实力，终于结束了四处奔波找工作的日子，在花旗银行华尔街分行开始了自己的职业生涯。

不过，在花旗银行华尔街分行的日子里，沈南鹏最开始做的工作堪称"跑堂"，只是一些最简单的投资工作。不过他的能力却在飞速地提高，沈南鹏又拿出当年学习数学的劲头，开始研究整个投资行业，因为极强的工作能力、学习能力和进取心，他也越来越受重视。

沈南鹏心里很清楚：进入花旗银行只是一个起点，并不代表自己以后可以高枕无忧。本来在华尔街的中国人就不多，想要崭露头角就更加困难。所以他要成为一名成功的投资银行家需要付出更多的心血，每天都要加班加点工作。沈南鹏说："这是一个很刺激的工作，从毕业以后到离开，没有一天晚上是7点钟以前回到家的。"

由于对美国和欧洲并不了解，沈南鹏需要花费大量的时间去了解和研究美国商业社会，所以特别辛苦。对自己付出的艰辛，沈南鹏是这样理解的："你是在证明自己的价值，是在别人无法承受的地方展现自己的人生。"

在银行工作，需要极度冷静和善于思考，在这一点上沈南鹏有着自己的优势。其实银行投资就是一项项复杂的数字，而沈南鹏对数字的处理能力是十分出众的。沈南鹏在花旗银行两年多的时间里主要做的是负责新兴市场产品，给美国本土的客户做新的投资方案。比如一些拉美国家的证券及衍生产品，在这一过程中，沈南鹏不断地锻炼自己，不断地学习投资经验，非常出色地完成了工作任务。

紧张刺激的华尔街生活反倒激起了沈南鹏的好胜心。沈南鹏逐渐熟悉了华尔街，开始适应华尔街的生活和竞争方式。他说："在美国，你得面对现实。一个中国人在那里，什么生存之道最好，可能就变成了我自己的生存之道，所以我进了华尔街。进去以后我发现我还蛮喜欢的，竞争非常激烈，节奏很快，需要动脑子，需要有一点点的创造力，让人能够不断学到东西，而且不断地激发好奇心。"

李白有诗云："大鹏一日同风起，扶摇直上九万里。"在花旗已经工作了不短的时间，他开始思考自己的下一步。下一站，沈南鹏将飞出花旗银行，飞向更高处。

3.初入职场，崭露头角

经过两年的职场历练，沈南鹏已经能够独当一面。他明白在华尔街的投行领域里没有永远的常青树，想要不被淘汰的唯一办法就是不断进步，沈南鹏立志要成为华尔街顶尖的银行家，但他必须先在华尔街站稳脚跟，才能谈得上有未来。

沈南鹏一直在寻找机会，他知道一直在花旗银行可能会有不错的上升空间，干个十年八年会熬到一个高管的职务，但那不是他想要的。他更向往的是充满挑战、能实现自己真正价值的地方。

就在沈南鹏在花旗银行进行能量积累的同时，遥远的东方中国正在发生着翻天覆地的变化。20世纪90年代中国的社会主义市场经济体系建立，经济形势一路高歌猛进，已经引起了华尔街的注意，有人甚至高呼："中国龙来了！"

开始是一批中国企业在海外上市，到了1994年，全球蔓延中国热，大量的投资银行需要进入中国，帮助中国企业上市融资。过去是中国人在美国找工作很困难，那时却是美国人跑到中国来找人才，找来找去发现华尔街里不就有中国人吗？此时的沈南鹏已经成为"香饽饽"，能力突出，又有中国背景，还是来自中国经济最发达的上海。在当时，像沈南鹏这种海外名校毕业生简直就是无价之宝，无论是中国人还是美国人都希望得到这样的人才。

回想刚毕业时找工作的困难，沈南鹏也颇为感慨："人们讲祖国强大，海外游子也会直起腰来，这话真是不假。"沈南鹏在酝酿着跳槽，事实上他已经接到了很多家投资银行的邀请，他们看中的就是沈南鹏的中国背景。沈南鹏并没有轻易地"价高者得"，他跳槽不是看谁给的工资和职位高，而是合不合自己的"胃口"。所以他没有轻举妄动，始终处于观望的状态。

此时，雷曼兄弟公司进入了沈南鹏的视野，而雷曼兄弟也对这个中国人很感兴趣。雷曼兄弟创立于1850年，是美国第三大证券公司，在全球范围内具有"创造时代新颖产品、探索最新融资方式、提供最佳优质服务"的良好声誉，其主要业务是为全球公司、机构、政府和投资者的金融需求提供服务。

当时正值雷曼兄弟公司在全球各地拓展市场，而中国内地改革开放的不断深化，经济形势一片大好，雷曼兄弟自然不会错过。但如何打开中国市场，派驻什么样的职员前往中国成了雷曼兄弟公司思考的难题，如果这个起步做不好，很可能影响雷曼兄弟在中国的大局。

而沈南鹏正好可以帮助解决这个问题，他既有深厚的中国背景，又有华尔街的经验和理念，毕业于耶鲁，受过专业的MBA教育，而且来自花旗银行，这样的人选几乎找不到第二个了。

尽管雷曼兄弟在品牌价值上可能不如花旗银行，但是雷曼兄弟公司找他是要在中国市场上开疆拓土，这对于沈南鹏来说远远要比自己在花旗银行做拉丁美洲证券业务好很多，到雷曼公司既能实现自己的一身抱负，同时又能为祖国做出贡献，何乐而不为呢？

沈南鹏早就对雷曼兄弟公司的业务有所了解，雷曼兄弟公司拥有世界上非常多知名公司的庞大客户群，如阿尔卡特、富士、戴尔、IBM、英特尔、美国强生、乐金电子、默沙东医药、摩托罗拉、NEC、百事、菲利普·莫里斯、壳牌石油以及沃尔玛，等等，全都是世界各行业数一数二的大公司。雷曼兄弟银行投资和承担的业务范围广阔，还涉及电子、服装、零售商、生活日用品等众多领域，对于刚刚进入市场经济的中国内地来说，这些领域是急需开发，同时也预示着中国拥有庞大的市场。

并且雷曼兄弟公司是全球最具实力的股票、债券承销和交易商之一，在全球范围内有多家跨国公司和政府财政要员，这个机会不容错过。因此沈南鹏做出决定，从花旗银行跳槽到雷曼兄弟公司，开展自己的事业。

在雷曼兄弟公司，沈南鹏如鱼得水。在雷曼兄弟公司工作的两年时间里，沈南鹏又学到了许多东西，进一步获得了成长，逐渐在华尔街小有名气。但是雷曼兄弟给沈南鹏进一步的发展空间并不大，一般来说大型公司都是这样，反而是那种规模不大刚刚起步的公司才会有很多成长机会。沈南鹏不满足在雷曼兄弟公司吹着空调悠然地工作，因此他又准备跳槽了。

沈南鹏又跳槽到了汉华银行。现在大家出游都习惯刷卡消费，而世界上第一台自动取款机就是由汉华银行开始使用的，它最早安装并使用Docutel公司卖出的第一台ATM机，当时汉华银行还打出了这样一则广告："我行将于9月2日早上9点正式营业，但是此后永不打烊。"一时间，汉华银行闻名遐迩。

汉华银行现在属于摩根大通银行，摩根大通银行由美国大通曼哈顿银行和摩根银行合并而成，随后又与第一银行合并，组建成规模仅次于花旗银行的美国第二大银行，汉华银行就是摩根大通银行所兼并的银行之一。沈南鹏在这里的工作时间很短，因此很多人都不清楚他的这段经历。而沈南鹏自己讲的也不多，他表示："关键是没有什么好讲的，只是一个小小的过渡而已。"

的确是一次过渡，从花旗银行到雷曼兄弟公司，再到汉华银行，这一切都是历练，在投资银行界必不可少的历练，为他进入德意志银行做着积累。在人生的上升阶梯中，只有走好每一步路，才能走得顺畅。

4.腾飞，德意志银行小董事

随着中国经济的持续增长，越来越多的国际性投资银行把目光投向了中国市场，而沈南鹏这种既是中国人又是华尔街专业投资银行投资人的身份成为众多投资银行首先招揽的对象。

经历了几年的职场历练之后，1996年，沈南鹏再度跳槽，来到德意志银行投资银行部，担任全球资本市场中国部主管，掌控德意志银行在中国资本市场的业务，那一年他不到30岁。后来他又成为德意志银行在亚洲最年轻的董事。沈南鹏终于找到了一种展翅翱翔天空的感觉，因为德意志银行非常著名，同时又给予沈南鹏非常大的权力，让他去实现自己的价值。

德意志银行是德国最大的银行，也是世界上最重要的金融机构之一，总部设在莱茵河畔的法兰克福，属于私人拥有的股份公司，其股份在德国所有交易所进行买卖，并在伦敦、巴黎、维也纳、日内瓦等国际大都市挂牌上市。1995年年底，拥有德意志银行股本的股东为28.5万人。

德意志银行跟中国的渊源很深，早在1872年就在上海建立了德意志银行分行，当时由于世界大战的缘故，德意志银行一度在中国隐匿。1981年，德意志银行作为第一家德国银行在北京建立代表处，成为中国内地相当重要的金融机构。

德意志银行在中国做了不少大项目融资计划，如为宝钢提供长期出口信贷，为中国银行在国际资本市场发行首次债券1.5亿马克，为中国国际信贷公司找投资公司，在欧洲融资1.5亿美元，为中国银行安排1.5亿美元海外融资，为中国民航提供价值3亿美元的5架民航客机，等等。

随着德意志银行在中国的业务越来越多，自然需要沈南鹏这样的复合型人才。沈南鹏在德意志银行充分地展现了自己的能力，在接下来的3年多时间里，他先后参与了七八家中国企业融资，大部分都获得了成功。

其中最让沈南鹏自豪的是德意志银行作为牵头银行，为中国财政部在欧洲成功发行5亿马克债券，这是沈南鹏最有价值的业绩之一，因为这一举措对中国经济的发展有着重要的意义。

1997年，当德意志银行帮助中国财政部在欧洲成功发行5亿马克债券后，按照惯例要在法兰克福举办一个酒会，由沈南鹏宣布中华人民共和国5亿马克债券发行完成，然后奏国歌。从小到大得奖无数的沈南鹏从来都没有那么激动过，自豪之情在他胸中澎湃。

随着一个个在中国投资项目的成功，沈南鹏也越来越引人注目，他的个人能力逐渐被人们认可，他的信心也越来越强，接连做出更多出色的投资项目。

上海浦东外高桥有一家秘鲁公司，叫作外高桥保税区发展有限公司，该公司正值事业巅峰期，为了扩大业务规模，需要大量的资金。在公司固定资产中，有个外高桥大厦固定资本额最高，但是在该公司建设前期，该大厦已经抵押给银行，再用大厦融资就非常困难，可是若使用其他资产融资，获得的资金又远远不够支撑公司的战略发展。

沈南鹏通过观察和分析，为他们提供了有参考价值的结构性融资建议。所谓结构性融资是指通过改变公司的股本结构、债券结构达到融资的目的。结构性融资的主要方面包括产权融资和债券融资。产权融资又叫股权融资，就是引进新的股东，让他们以股东的身份参与进来，新的股东用资金换取原来股东的产权，这就是产权融资。与其相对的是债券融资，债券融资指的是对方不是以投资者的身份，而是以债主的身份进入公司，债主拿的是固定收益，不与公司分担风险。

沈南鹏表示："以你们现在的信用，可以直接贷款，而不必把大厦抵押出去。"在沈南鹏的帮助下，原本只能融资5000万美元的外高桥大厦，最终获得了1亿美元的融资，足足多了一倍。

沈南鹏不仅使外高桥公司融资金额多了一倍，而且对他们的融资结构也做了合理调整，那就是不再抵押大厦，而是启用"信用"资本，这样做，既能够把融资的风险降到最低，又实现了效益最大化。

整个外高桥的项目只是沈南鹏结构性融资项目中一个比较突出

的范例，类似的项目沈南鹏其实做了很多。国内有一位资深的投资人在接受采访时用"具有超一流的大视野"来形容沈南鹏，这超一流的大视野恰恰来源于沈南鹏富有传奇色彩的投行经历。

沈南鹏把这一段投行的工作经历形容为"压缩饼干"："你在一个公司做财务也许需要20年才能把公司整体状况了然于心，但是做投行的话，只要3年就能够把握和洞悉一个企业的命脉。"

从事投行的人多接触上市公司CEO、董事长，谈论的是企业战略规划，广阔的大视野就是这么培养出来的。沈南鹏把每一个项目都看成是对自己的一次考验，倾尽全力去做、去学习，不断地提升自己、丰富自己，海外8年的投行生涯给了他最重要的成功本钱。

沈南鹏说："我这个人可能算是幸运的吧，尽可能多地经历了我们那一代人所能经历的事情。"对于沈南鹏来说，投资行业的工作正是自己喜欢的工作，但是还未真正实现自己的价值，他心中清楚自己还有很多能量没有释放，他需要更大的舞台证明自己。

8年的投行生涯使沈南鹏受益匪浅，从耶鲁大学毕业懵懂进入投资行业，在花旗银行熟悉投资业务，在雷曼兄弟任职高管崭露头角，再到德意志银行大放异彩，成为最年轻的董事。但此时他的事业帷幕才刚刚拉开，沈南鹏已经做好准备，向着下一个目标前进。

中篇 缔造创业神话的商界领袖

缔造创业神话的商界领袖

ZUO ZUISHANCHANG DE SHI
SHENNANPENG ZHUAN

第四章　携程网横空出世

1.一顿午餐侃出个携程网

1994年，中国开始进入互联网时代，并且迅速蓬勃发展，网易、新浪、搜狐等网站纷纷崛起。1999年，中华网在纳斯达克上市，成为纳斯达克第一个上市的中国网络概念股，中国互联网进入第一个发展浪潮，大量的资金流入互联网界。

此时的沈南鹏已经离开了投资银行界，计划自己创业。沈南鹏对自己的心境有过一番描述："很难说清楚为什么，当时的确是犹豫过，毕竟已经做了8年，离开成本很大，但还是怀着一股激情出来创业了。现在想来，互联网的泡沫也不全是坏事，在那个挺'忽悠'的年代里，'泡沫'刺激了我们的创业神经。"

那时互联网行业发展势头正猛，大家拥挤着喧闹着向着互联网冲去，只要你说创办一家互联网公司，就有很多人主动给你投钱。沈南鹏在美国早就见识到了互联网的神奇，隐约觉得自己应该在这方面创业，但是该怎么做、做什么业务还没考虑清楚。

1999年春节刚过，沈南鹏和好友梁建章受邀到季琦家里做客，没想到一次普通的春节聚餐，居然侃出来一个携程网！

说起梁建章，其实跟沈南鹏颇有缘分。当年沈南鹏参加全国中学生计算机竞赛拿了奖牌，而另一个上海人梁建章也拿了奖，二人就此认识。几年之后，沈南鹏进入上海交通大学数学系，梁建章进入复旦大学计算机系。4年之后，一个去了哥伦比亚大学，另一个去了乔治亚大学，毕业后一个去了华尔街，一个进入甲骨文做研发，几番周折，二人一直保持着要好的朋友关系。

季琦则是沈南鹏在上海交大的校友，跟在甲骨文公司的梁建章也有业务往来，3个人脾气秉性相投，常常聚在一起交流想法。沈南鹏他们谁也没想到这次聚餐会对日后产生多大的影响，一切如往常一样，拜年、寒暄、聊天，不知不觉从午餐聊到了下午茶，又聊到了晚上，3个人谈兴大发。季琦回忆说："当时，我们就互联网、互联网经济、美国的互联网公司、纳斯达克和IPO等话题热烈地讨论了一夜。"沈南鹏西装笔挺，头发梳得整整齐齐，戴着眼镜很有书生气，但是他的内心充满激情和热忱，早就想干一番大事业了。在聊天中，3个人发现大家有共同的理想，而且3

个人正好优势互补：沈南鹏当时正担任德意志银行中国资本市场主管，又是MBA毕业，具有过人的融资能力和宏观决策能力；梁建章则在甲骨文公司做研发工作，技术背景深厚；季琦拥有丰富的创业经验，对销售、管理比较在行。

沈南鹏说："1999年，我决定创办携程网，我比较擅长宏观策略、资本运作，但我也清楚自己缺乏旅游和互联网技术知识。"而这两点季琦和梁建章刚好可以弥补。

为什么直接进军旅游业？3个人通过讨论，分析当时国内的物流和网上支付比较薄弱，所以最好能够绕过物流和支付体系，当时的各大门户网站厮杀惨烈，也不适合做门户网站。那么旅游市场的优势就体现出来了，既有广阔的成长空间，又没有过多的商品流通环节，所以他们确立了旅游网站的方向。

沈南鹏还认为互联网给创业者带来了千载难逢的机会，并且会对传统旅游产业进行改造。当时国内旅游收入已高达2000亿，中国已经被世界旅游组织认定为21世纪全球最大的旅游市场。而国内旅行社的接待人数和盈利水平却连年下降，营业毛利率不足10%，全国旅行社总市场占有率还不到5%，其余95%都是散客。"这一切预示着旅游业存在巨大的发展机会和利润空间。"沈南鹏敏锐地觉察到这是一个巨大的商机。

沈南鹏非常看重中国电子商务市场，但同时觉得中国市场现在还不成熟，特别是在物流、信用卡支付系统上还存在缺陷，如果做旅游，就可以避开这些劣势。而季琦认为互联网资源可以很好地弥补传统旅游业地域性、时间性、管理有效性方面的不足，能够很好地消化那95%的散客。

这些与梁建章的思路"做旅游网站从设计到配送、支付，非常适合电子商务"和"旅游是老百姓的第二大支出，甚至还高于汽车"相契合。最终，沈南鹏等三人决定向旅游业进军，沈南鹏又拉来拥有十几年旅游管理经验的范敏，组成了"携程网四君子"，携程网就这样诞生了。

携程网的成功让沈南鹏完成了个人的一次升级：创立一家市值一度达到45亿美元的公司，让无数正确或错误的决策与执行最终都沉淀成正面的经验。从这里，沈南鹏开始了事业的腾飞，携程网是他的第一个制高点。

1999年一顿再平常不过的午餐，成就了沈南鹏、梁建章、季琦三人的商业帝国，成就了沈南鹏"携程网之父"的美名。

2.非典型CFO

沈南鹏在携程网的地位跟传统的创业公司有所不同，他曾经说过："我在携程网所做的CFO不是一个特别典型的中国企业里的CFO。我既是携程网最大的个人股东，也是创始人，还是总裁，又是CFO。这几种身份的融合使得我能够在第一时间切入到业务的细节进行管理。"

传统意义上的CFO就是首席财务官，但是这有一定的局限性。沈南鹏作为携程网最大的股东和创始人、总裁，他肯定不能只管财务方面，尽管沈南鹏不担任CEO，但是他仍然会介入携程网的业务发展。沈南鹏说："CFO应该尽可能从一开始就介入业务发展，因为财务流程上体现出的问题，往往是长时间的积累，或者是企业业务最开始因为某个原因不得不进行这样的设计，如果是一个对此毫不知情的CFO，可能就难以理解或不知从何下手解决了。"

沈南鹏是这样参与携程网业务的：在最早沈南鹏、梁建章、季琦三人讨论做什么网站的时候，3个人就在一起积极讨论各种可能性，最终做旅游网站是3个人讨论的结果。由于身兼总裁和CFO两大角色，所以沈南鹏很清楚地看到携程网在刚创立之时自身所具备的优势与劣势，如在酒店、机票上是从零起步，携程网在这方面是有很大缺口的。所以沈南鹏用自己CFO的身份主导了三次规模很大的收购，在迅速弥补业务短板的同时，又以换股并购的方式节省了非常多的现金。要知道，携程网诞生初期的资金也是很紧缺的。

沈南鹏的能力在这三次收购案上得到了体现。并购现代运通商务旅游有限公司，使携程网成为国内最大的商旅服务企业和最大的宾馆分销商；并购北京海岸机票预订中心，使携程网拥有了一支庞大的呼叫系统；并购华程西南旅行社，让携程网进军自助游市场。

沈南鹏这样说道："越是业务细节的东西，往往越需要了解，因为这里面往往存在着从业务角度来说很大的改进机会。"沈南鹏在携程网提倡的是"细节量化再量化"，沈南鹏对于细节的掌控使得携程网自诞生之日起就以高服务质量闻名。沈南鹏的个人影响已经渗透携程网的方方面面，对携程网的发展起着深刻的影响。

后来携程网在IPO路演的时候，有记者问沈南鹏："为什么只有1200人的携程网，却要建立800人的电话呼叫中心？"这就要提到携程网呼叫中心的特色，携程网的呼叫中心不仅在旅游业是最大的，把其他领域都算上，携程网的呼叫中心也是数一数二的。那么为什么要建立这么庞大的呼叫中心呢？沈南鹏有自己的理解，他认为中国国情与众不同，中国消费者更习惯打电话订票，同时遇到疑难问题或者投诉时，呼叫中心用真人甜美的声音可以提高消费者的满意度。

这就是沈南鹏的远见卓识，他对于携程网来说不只是CFO那么简单，携程网对于沈南鹏来说也不只是一家公司那么简单。携程网就像一个证明，必须要做出漂亮的成绩，沈南鹏才算完成任务。

沈南鹏、梁建章、季琦、范敏四人各有分工，分别掌管着携程网的方方面面，保证了4个人的能力能够发挥出来。更重要的是，他们什么事情都是商量着来，并没有搞"一言堂"。携程网在众多创业公司之中脱颖而出，与几位创始人之间的关系是分不开的。沈南鹏作为携程网的"非典型CFO"，照顾着携程网上下的方方面面，既着眼于大局，又落实于细节，携程网正因为有这样的管理模式才有了高速发展的基础。

3. "鼠标+水泥"的经营模式

携程网开始做的时候，互联网上已经有了400多家中文旅游网站，但其中的95%都在为其他人打工，因为他们只是在网站上提供一些旅游信息而已。沈南鹏对于自己创办的携程网不是这样定位的，他认为互联网甚至可以说就是为旅游量身定做的，可以在网上查询旅游路线，订机票、酒店，等等，全方位的服务都能够在互联网上展现出来。沈南鹏既不要携程网做一个传统网站，也不要携程网跟其他400多家旅游网站一样，更不要携程网做传统旅行社的生意，那么携程网选择的是什么发展模式呢？

沈南鹏发现中国的旅行社一直通过门店来招揽客户，即使是旅游业极为发达的香港，也只有一家新建的呼叫中心。相比之下，美国早就完成了门店到呼叫中心再到互联网的转变。

沈南鹏知道，他们第一步不能直接跨越到互联网上，那样做太过超前。立足于中国国情，要先建立呼叫中心，紧跟着运营互联网，使二者同时运行，充分利用互联网平台，这就是携程网"鼠标+水泥"的经营模式。

这种新兴模式为携程网插上了翅膀，沈南鹏与他的合伙人又借用互联网技术和精妙的战略，使得携程网创业初期就在竞争激烈的市场上站稳了脚跟。这种模式还曾经引起过同行们的愤怒。2004年，北京黄金假日旅行社起诉携程网不正当竞争，说携程网既没有旅游业经营资格，更没有机票代理资格。而携程网经受住了考验，因为在携程网上旅游预订，是"机票+酒店"模式，属于自助游，是客户的一种自行出游，而不是传统旅行社的组团业务。至于携程网预订机票，则是跟当地机票代理商合作，然后利润分成，因此并不需要什么机票代理资格。

这就是携程网的"互联网+呼叫中心"模式。从深层次来说，携程网是立足于传统旅行社的盈利模式，然后利用互联网技术将之发扬光大，这使得初期的携程网迅速站稳脚跟，挺过了很多创业公司熬不过去的"阵痛期"。

沈南鹏曾笑言："携程网就是把门市和呼叫中心一起做，后来被别人称为'鼠标+水泥'。在中国劳动力成本很低的条件下，将门市和呼叫中心一起做非常好。我们看了很多领域，也看了很多模式，感觉这个模式能够很快做起来。纳斯达克有很多成长企业，携程网是服务行业，也是互联网企业。我们从携程网看到了中国酒店行业，市场上对为商务旅行者提供的特殊产品有巨大的需求，但没有酒店公司真正能够提供相应的服务，我认为这是很大的缺陷。"

看来"鼠标+水泥"模式对沈南鹏影响深远。传统意义上的旅行社，手中拿着成千上万的顾客资源，所以就有将飞机票、酒店、旅游门票的价格压得很低的砝码。当然，传统旅行社到了一定程度，就会有几个致命的瓶颈：首先，旅游路线死板，旅游时间完全操纵在旅行社手中，顾客满意度不高；其次，组团旅游，需要导游和一系列的后勤服务人员。旅行社越大，需要管理的员工就越多，管理成本就会增高，到最后变得发展极为缓慢，根本不可能跟上时代；最后，旅行社毕竟是区域性的，而旅游却是跨地域的，传统旅行社没有办法跨地域服务。但顾客如果选择自助游，往往在飞机、酒店和门票方面拿不到较低的折扣，所以不得不依托于旅行社。

在这样的背景下，沈南鹏带领他的携程网横空出世。携程网在全国各地撒网，和众多酒店签订了合约，拿到的都是较低的折扣，然后携程网又拿到了各大航空公司的低折扣机票。因此很多人可以凭借携程网绕开旅行社的束缚，拿到比旅行社还要低的各种折扣，愿意怎么游就怎么游，旅行社似乎越来越多余，而携程网却让个人自助游变得越来越与时俱进和以人为本。

传统行业受到新商业模式的强劲挑战，在竞争中逐渐失去优势，而沈南鹏带领的携程网就抓住了这一机遇脱颖而出。沈南鹏用这种"鼠标+水泥"的方式使初生的携程网迅速发展，走向巅峰。

4.引入六西格玛管理法

携程网只有"鼠标+水泥"的模式是远远不够的，市场竞争太过激烈，再加上携程网这种模式并不是万能的，所以还需要其他模式进行补充。于是，沈南鹏引入了"六西格玛"模式，将其化为一道锋利的无形剑气，为携程网披荆斩棘。

六西格玛是摩托罗拉公司发明的术语，最早由摩托罗拉提出，用来描述在实现质量改进时的目标和过程。西格玛（σ）是统计员用的希腊字母，指标准偏差。术语六西格玛指换算为百万分之3.4的错误/缺陷率的流程变化（6个标准偏差）尺度。六西格玛背后的原理就是如果你检测到你的项目中有多少缺陷，你就可以找出如何系统地减少缺陷，使你的项目尽量完美的方法。

六西格玛是一个目标，这个质量水平意味着所有的过程和结果中，99.99966%是无缺陷的，也就是说，做100万件事情，其中只有三四件是有缺陷的，也就是用最严格的条件来约束企业。

那么携程网是怎么做的呢？携程网的呼叫中心成立于2000年，最初只有两三个人，业务量很少，而现在却拥有全亚洲最大的旅游业呼叫中心，人数多达几万人。尽管携程网的呼叫中心人数如此庞大，但是呼叫中心的20秒接通率高达90%，也就是说铃声响不到3下就能够接通。携程网咨询准确率甚至高达99.8%，订单回复速度也从93.9%上升到了99%，这一切都得益于沈南鹏为携程网引入的六西格玛管理。

携程网成立了质量管理部门，它会定期公布每个部门的六西格玛值，也会统计到员工个人的差错率，通过录音回放，甚至把每个人的错误点都标出来。质量管理部门负责监测所有业务的六西格玛值，定期公布，提出改进建议。通过绘制犯错误员工的频率图，对员工进行有效的监督。

当时国内几乎没有企业使用六西格玛管理法，而携程网却大胆地引入了。消费者一般订票都是互联网预订和电话预订，其中电话预订要占据70%，在没有实行六西格玛策略之前，无论用什么办法都没有办法让客服听电话到挂电话的时长缩短在240秒以内。

随后，携程网开始计算新订单的时长是多少、修改订单的时长是多少、新员工和老员工的时长分别是多少等，最终得出接听电话的平均时长为204秒。

最后携程网将录音拆解开来进行分析，观察每一个字占用的时间是多长，每个阶段的位置占多少，以此确定出哪个阶段用的时间最长，并对此进行压缩。携程网又对员工进行专门的培训，在考核的奖励与惩罚上也做了调整，最终使携程网接听电话的平均时长由最初的240秒变成了最后的180秒，极大地提高了效率，算上电话费和人工费，每个月能节省几十万元的成本。

沈南鹏引入的六西格玛管理方式对于携程网服务质量的提高是全方位的：每一个呼入电话都有分类的标准处理流程供参考；每一个订单的回复都有专人监控；每一次订单完成时间都有统计并追踪改进；每一次通话都有录音储存在资料库中，供考核和查询；每一个服务人员每周都要接受很多项的定量评估，把每一个错误都记录在电脑上，以防再犯。

引入了六西格玛管理体系的携程网已经有了些许脱胎换骨的意味，主要体现在两个方面：一方面是携程网从高管到员工的素质得以提升，员工管理体系更加科学化，这是携程网取得竞争力的一个重要因素。另一方面，引入六西格玛对携程网也是一次宣传，携程网通过这种严苛认真的态度为自己做了免费的广告，一时间大家都在谈论六西格玛，无形中也让携程网的名字传播开来。

其实六西格玛在制造业很普遍，往简单了说就是一套规范化的制度，降低员工的错误率。沈南鹏将制造业的六西格玛引入服务界，这一做法在中国绝对是大胆的创新。六西格玛的收效非常显著，不过携程网并不只是靠着六西格玛发展起来的，携程网深入人心靠的是以服务为中心思想的一整套策略，这套体系就是携程网的"服务2.0时代"。

5.携程网引领服务2.0时代

服务2.0是相对于传统旅游服务来说的，2000年，携程网的服务2.0模式引领了一代潮流。而且携程网还在不断地"进化"自己的服务，完善自己的体系，携程网始终把服务当作立身之本。

沈南鹏认为想要在国内的旅游市场脱颖而出，就需要比别人更具特色的服务。

首先，携程网提供的是大规模、可复制的标准化优质服务，借用互联网技术可以把信息标准化传播，沈南鹏按照现代管理手段来改进服务质量，最重要的就是标准化以及能够大量地复制。

其次，携程网拥有庞大的资源，优势就在于能够提供"一站式"服务，客人只要打一个电话就能够得到携程网提供的机票预订、旅游景点门票预订、酒店预订、返程预订等等。同时携程网囊括的范围广阔，包括酒店预订、度假预订、机票预订、商旅管理，旅游资讯，现在甚至有豪华游轮预订。

再次，我们知道，一些小型、传统的订房订票企业往往没有自己的网站，对客人而言，没有办法上网查询；通过电话预订不但信息量小，价格还不透明，很容易吃亏上当。携程网依托于互联网，相比传统旅游企业具有很大优势，如跟携程网合作的几万家酒店全部在官网上一览无余，随时都可以查看酒店信息、图片以及其他用户评价。沈南鹏还在携程网推出了酒店实景视频，让客人在网上就看到酒店的房间、光线、大堂，等等，就这一点体验是其他普通的旅游公司无法做到的。

最后，携程网还在服务上不断改进，开发出了更多的独特服务。比如，考虑到自由行客人的需求，携程网在东南亚部分地区设立了24小时中文热线，当客人在当地需要帮助，且人生地不熟、语言不通的时候，还可以通过中文热线得到帮助。

当年国内绝大部分订单都是通过电话呼叫来预订的，可能有人会问：就打个电话预订门票、机票，这有什么难的？

很多简单的事情想要做好就很难，别看携程网早期只是做电话订票，但是在这一点上沈南鹏也要做到创新，要比别人好。这就得益于携程网引入的六西格玛管理模式，使得携程网的整体服务质量全方位上升。在携程网，每一个呼入电话都有着严格的流程，每一个订单的回复都有人监控，而且订单完成时间都要有统计。通过不断地采集数据分析客户的喜好，一线服务人员每隔一段时间都要接受几十项的考核，让六西格玛管理融入携程网骨子里。

携程网的呼叫中心刚刚成立的时候只有两三个人，后来发展到两万多人。很多人质疑在线上预订火爆的年代，携程网的呼叫中心为何不断地增加人数。其实，呼叫中心依然有存在的分量与必要。携程网的呼叫中心承载的功能有很多，如预订、改签、咨询等。例如，一个用户要投诉、要改签，这个时候最不想面对的就是冷冰冰的页面，呼叫中心可以省去很多麻烦，同时还能让客户满意，而且携程网的呼叫中心是24小时的，效率极高。用户要是半夜想坐飞机去某地，给携程网打电话总没错。

沈南鹏在携程网推出了很多让人惊讶的举措，如旅行时遇到自然灾害可以获得赔偿。这对于消费者来说都有些不知所措，有人认为携程网不过是提供订票，遇到自然灾害跟携程网有什么关系？但是沈南鹏不这样认为。

2004年12月26日，印尼海域不幸遭遇史无前例的大海啸，造成大面积的人员伤亡，在海啸发生不到半个月，携程网斥资100万元设立"自然灾害旅游体验保障金"，在发生自然灾害的时候，用来补偿旅游体验变差的消费者。这种保障金在旅游行业还属第一次。这个保障金设立以来多次启动，携程网有危机处理小组，专门处理补偿方案，总是在第一时间就把退款送到消费者手里，对此游客更是好评如潮。单是这种气魄，很多旅游公司都比不了。

携程网还在2006年推出了"1小时飞人通道"电子机票技术预订服务，承诺在舱位保证的前提下，航班起飞前，乘客只需要提前一个小时预订电子机票，用信用卡付款，就可以直接办理登机。

过去，游客们预订传统的纸质机票，从预订到拿到机票最少也需要三四个小时，毕竟机票的配送时间很长。对于常常在外奔波的商务人士来说，有时候为了赶一个会议，需要一个小时内就出发，传统的纸质机票是满足不了要求的。携程网是第一家敢于做出这种承诺的企业，为商务旅客实现了"即走即订票"的体验。

我们都知道旅游业总是有一些"灰色地带"，比如旅游团有强制购物现象，这让很多参团旅游的游客体验非常差。携程网对此推出了"海外团队游标准"，用几十条细则来规范自己，接受游客的监督。携程网用行动表明了自己作为一家旅游服务企业的态度，那就是一切以顾客的体验为中心。

沈南鹏及其他几个携程网联合创始人几乎都是"海归"，但这不代表他们只会玩美国那一套，沈南鹏对于中国国情、中国市场的掌握堪称首屈一指。携程网刚成立的时候沈南鹏就说："国外的游客多数都习惯了互联网预订，但是中国大多数游客还不能适应，所以要先建一个呼叫中心。"

2014年沈南鹏在接受媒体采访的时候，曾经把他的几个手机放在桌上，笑道："现在发微信比发邮件多了。"沈南鹏又总结起了中国与国外的不同，他说，"注册国外东西时总是电子邮箱注册验证，在中国，手机号才是主要认证方式。"

携程网诞生之初，沈南鹏看到国内电子商务还未成型，物流、支付都不完善，就自建了一个配送队伍，这在当时也是先驱之举。携程网很好地通过融入本土化特色，为国人带来了贴心的服务，赢得了消费者的认可。

沈南鹏知道，要建立一家公司实属不易，这个世界上每天都要诞生无数新公司，每天也都有无数公司倒闭，所以每一个细节都要把控到位，把业绩拿出来，否则很容易就被人甩得很远。在沈南鹏的带领下，携程网蓬勃发展，然而这一路上仍然危机四伏，时刻都面临着挑战。

第五章　大起大落的携程网风雨路

1.化解携程网融资危机

1999年5月，沈南鹏与梁建章、季琦、范敏共同创建携程网之后，按照个人的专长，组成取长补短的四人组：沈南鹏任董事长、CFO（首席财务官），梁建章任CEO（首席执行官），季琦和范敏分别担任总裁和副总裁。

初期，四人一共投资了200万元，这么点儿钱根本就是杯水车薪，追加资金迫在眉睫，如果跟不上，刚刚诞生还未起步的携程网很可能胎死腹中。如何找钱又成了沈南鹏要面对的问题，尤其携程网初创时还是一个小网站，获得认可的可能性不大，融资的道路就更加艰难。

在遭遇多次碰壁之后，沈南鹏运用其高水准的职业水平，接触到了著名的IDG公司。沈南鹏不愧为投行出身，在他的努力下，凭借携程网一份只有10页的商业计划书，就获得了IDG公司50万美元的投资作为种子基金。作为对价，IDG公司获得了携程网20%的股份。在携程网随后进行的每轮融资中，IDG公司都继续跟进。沈南鹏表示这归功于"知识理念上的契合，加上IDG对我们企业未来的认可"。

顺利融到第一笔钱让沈南鹏稍稍舒了一口气，然而远远不够，开公司尤其是互联网公司就是"烧钱"，直到2001年10月，携程网一直处于亏损状态。携程网需要不断发展壮大，如果再拿不到次轮融资的话，一旦资金链断裂就会功亏一篑，沈南鹏面对的压力可想而知。

别人都说沈南鹏是投行出身，对他来说融资应该非常拿手才对，怎么会这么困难？对此沈南鹏也很无奈，他说："我在做携程网的时候，有媒体说我以前做投行，所以融资比较容易，信手拈来。其实根本不是，哪有那么容易？一些大的投资银行看不上小企业的生意。"

不过沈南鹏不能放弃，他是4个创始人里面最有融资优势的人，他若是融不到钱，携程网就真的要关门了。

2000年，在沈南鹏的努力下，携程网国际在开曼群岛成立，由软银中国创业投资有限公司牵头，IDG、兰新亚洲投资集团、Ecity、上海实业创业投资公司5家投资机构与携程网签署了股份认购协议。携程网以每股1.0417美元的价格，发售432万股"A类可转可赎回优先股"。

这一次次轮融资共募得约450万美元。随后，携程网国际通过换股100%控股携程网香港。这样，携程网的集团架构完成，为携程网以红筹模式登陆国外证券市场铺平了道路。第二次融资做得相当漂亮，甚至赢得了业内人士的喝彩。携程网正是利用这笔资金并购北京现代运通，进入宾馆预订业务，成为其第一个利润中心。

到此，沈南鹏并没有停下融资的脚步，他再接再厉，紧接着就引来美国凯雷集团1100万美元的三轮融资，携程网的三轮融资共计吸纳风险投资近1800万美元。在资金上，携程网终于解除了后顾之忧。

2.遭遇互联网寒冬

自互联网诞生后，就以一个令人难以想象的速度蓬勃发展。中国在互联网起步虽然晚了点儿，但不甘落后，中国最好的广告牌上几乎都写着某个互联网公司的名号，大家比着烧钱。有一个夸张的笑话是：一个碗上写着.com的乞丐都能拿到上千万美元的风险投资。

无数互联网公司诞生，伸手就能拿到风投，继续烧钱，然后再拿风投，谋划上市……那是属于互联网人狂欢的节日，然而这种狂欢并没有持续多久，互联网泡沫就破裂了。

2001年互联网公司倒闭的数目比2000年增加了一倍以上，全球至少有500家互联网公司结束营业或者申请破产保护，连阿里巴巴的马云也喊出了"跪着过冬"的口号。携程网的日子也不好过，尽管拿到了融资，却面对一个烧钱的无底洞，而且整个行业都萎靡不振，没有生意，没有合作，融资的钱终究是要花完的。

沈南鹏的脸上愁云密布，携程网在他的眼里就如同自己的孩子，如今面临着即将夭折的困境，沈南鹏又怎么能高兴起来呢？那段日子里，沈南鹏常常在深夜里一个人默默地看着天花板，一句话也不说，谁也不知道他在想什么，家人也不敢打扰他。

沈南鹏急切地想为携程网找到一条出路，当时他打算收购艺龙，但是艺龙创始人唐越却找来了美国和香港的投资公司，拿到了新的投资。而当时的携程网自身生计都成问题，资金短缺得很，所以没能收购艺龙，沈南鹏对此一直耿耿于怀。

沈南鹏表示："如果当初风险投资基金能够在2001年的时候再给我一些推动，那么携程网本来有望收购艺龙而一统江山的。"然而这都是美好的想象罢了，事情的走向并不会按照沈南鹏的想法去发展。

在寒冬里，沈南鹏咬牙坚持着，他不能放弃，他得带着整个公司冲破困境。让沈南鹏燃起希望的是寒冬终于有了消散的迹象，互联网开始复苏，冬天已经来了，春天还会远吗？

既然在外面拿不到风投，沈南鹏转头在携程网内部做起了文章，他开始在携程网内部推行六西格玛管理，要求每一位携程网主管都要接受六西格玛培训，另外主管培训结束之后还要经过考试，以考试成绩来作为日后晋升的重要评判标准。

沈南鹏提出了一个目标："像制造业一样生产服务。"沈南鹏用六西格玛模式对携程网上下进行了全面的改造，用携程网打造出最优质的服务，他相信只有这才是保持竞争力的办法。沈南鹏在公司里大规模地做调整，使携程网完成了从"网"到"服务公司"的转变，携程网以一副焕然一新的样子出现在世人面前。

正因为此，年底的时候，沈南鹏终于为携程网拉来了以软银为首的次轮融资，携程网熬过了2001年的互联网寒冬。沈南鹏表示，2001年是寂寞的一年，但是在这寂寞里，携程网修炼得更加强大。

"再过不久，就开春了啊！"沈南鹏望着远处的积雪说道。

3.扭亏为盈，带领携程网高速发展期

国内的旅游市场不断升温，旅游甚至成为中国老百姓的第二大支出。然而传统旅行社模式存在着非常多的"硬伤"。比如旅游线路就固定几条；旅游时间完全掌握在导游手里，顾客没有自己选择的权利；游客们自助旅行越来越多，压榨旅行社的空间……

最初携程网的定位只是一个网站，全是关于旅游的问题，用点

击率卖广告和酒店分成赚钱，而事实证明这种模式很难成功，这是一种网站最初级的盈利模式，广告营收能力跟其他门户网站比起来相去甚远。携程网拿到风险投资之后，曾砸出重金做推广宣传，但是效果并不理想，不断地陷入亏损，只能拿风险投资的钱来"烧"。

面对这种情况，沈南鹏看在眼里，急在心里。他知道当前很多互联网公司都是如此模式，那些公司的创始人不断地烧钱，最后公司倒闭了也不在乎，而沈南鹏的目标可不是如此，他必须要做出选择，要么大家散伙，要么重新定位携程网。

沈南鹏选择了后者，他把携程网定位为互联网服务公司，他不走传统旅行社的道路，而是决定走一条崭新的路。沈南鹏着手改革，重新打造携程网的各项业务。

沈南鹏和合伙人决定携程网的盈利模式采用传统旅行公司的模式，但是要依靠自己的IT优势将其无限放大。携程网决定从酒店预订服务突破，不仅优化原来的资源，还准备拓展新业务，之前收购的现代运通公司，在此关键时刻大显神威。现代运通拥有一批固定的合作酒店，在开拓市场方面也有大量的人才，但是他们缺乏IT技术支持，管理体系也不健全。考虑到运通的酒店预订业务在全国反响不错，是国内第一家用800免费电话的订房公司，据说最繁忙的时候每个月有2万多人次通过运通在全国各大酒店订房。

携程网决定利用此基础，开发配套的互联网平台，为此他们开发了"实时控房系统"和"房态管理系统"。为了保障实施顺利，梁建章甚至特地飞到北京，参与现代运通公司的改革，提高各项流程的效率。这次行动的效果非常明显，整整一年的时间里，携程网发展了2000多家签约酒店，加上沈南鹏在携程网内部推行的革新措施，2001年订房交易额达到5亿元人民币。

2001年10月，携程旅行网的第100万个预订客户产生，这位幸运客户作为携程网发展史上最大突破的亲历者得到了携程网的大奖：2008年北京奥运会期间，在北京五星级酒店两晚的入住权。以此为标志，携程网开始扭亏为盈，进入高速发展时期。

携程网在沈南鹏的带领下突破了创业困境，度过了互联网寒冬，在不断亏损的情况下拉来风险投资。最重要的是，携程网成功实现盈利，进入了良性循环：盈利——得到更多风投青睐——有钱做更多的业务——增长盈利。

4.迅速扩张，抢占市场先机

2000年，刚刚获得融资后，携程网就开始全面开展自己的业务，因为沈南鹏自己心里很清楚，融资拿到几百万美元那根本就是浮云，一家公司的成功标志不在于此，而在于能否真正赚到钱。不断地伸手跟人要融资，始终不是长久之计。风投公司之所以投资，也是看中了携程网的赚钱潜力，一直这么亏损下去，将来就不会有人投资了。为了避免昙花一现，沈南鹏驾驭着携程网开足马力，全速前进。一年的时间里，携程网发展了2000多家签约酒店。2001年订房交易额达到5亿元，2002年交易量再翻一番，成为国内最大的宾馆分销商。至此赚到的利润使携程网最基本的生存已经不再是问题。

几个月后，沈南鹏再出奇招，收购了有名的散客票务公司——北京海岸，从而夯实了携程网机票预订的基础。结合互联网的优势，沈南鹏将原来的票据业务放到了网上。这一转变再次获得成功，携程网开始在全国复制业务。一年后，票据业务激增了6倍。同时建立起全国统一的机票预订服务中心，并在主要城市建起了机票配送队伍。

短短几年时间，沈南鹏利用并购从纯粹的.com网站到酒店，从机票分销到自助游，触角延伸到旅游业的各个市场。自此，携程网形成了酒店预订、机票预订、旅游服务三大块主营业务的架构。不仅如此，携程网还不断拓展市场，收购亚洲地区其他旅游同行，应对不断激增的中国出境旅游市场。

之后，携程网还收购了台湾最大的在线旅游服务供应商易游网的一部分股权。时至今日，客房预订和机票订购仍是携程网主要收入的来源，而沈南鹏的几次收购成就了携程网大业。

2014年，携程网宣布收购火车票自动查询预订软件公司广州蒜芽信息科技有限公司，作价近1亿元人民币。蒜芽科技是一家专注于火车票查询和预订的公司，运营APP"智行火车票"和"订票助手"。通过该公司的平台，消费者可进行火车票的余票监控、信息查询，并提供在线支付手段方便购票。

携程网表示，携程网和蒜芽科技联手，将进一步加强携程网在包括机票、火车票、汽车票的大交通领域的绝对领先地位。同时，携程网庞大的用户群、丰富的资源和强大的平台也将推动蒜芽科技实现更大的成功。

同年，携程网宣布融资，随即获得美国在线旅游公司Priceline5亿美元的融资。Priceline将自此向携程网的客户开放其在大中华区以外的全球超过50万家酒店资源，同样携程网在大中华区的超过10万家酒店资源也将对Priceline的客户开放。

2015年，携程网再度出手，斥资4亿美金并购艺龙37.6%的股份，成为最大股东。携程网一步一步地并购，使其逐步成长为中国旅游服务业的龙头老大。

突破亏损，迈向盈利，下一步携程网将迈向更大的目标：纳斯达克。

5.首次登陆纳斯达克

2001年携程网开始逐步盈利的时候，沈南鹏就已经开始为登陆纳斯达克铺路了。沈南鹏等这一天很久了，只有来到这个全球最有名的证券交易市场，才能证明携程网的高度和未来，才能实现自己的梦想。然而沈南鹏没想到，上市的路依旧坎坷无比。

2003年，国内掀起一阵上市热潮，沈南鹏的携程网也早已经做好了上市准备，沈南鹏开始考虑是在香港上市，还是在美国上市。美国市场自然更大，但是香港跟大陆紧挨着，会有很多便利，就在沈南鹏做着上市计划时，"非典"爆发了。

"非典"危机让很多人至今仍然心有余悸，"非典"期间，整个中国的旅游行业暂停，携程网的业务自然也遭受了重大亏损。时任携程网南中国区总经理的郑南雁（后创办7天连锁酒店）深有感触，他对记者说："2003年'非典'流行的时候，整个行业都受到了前所未有的打击，很多公司都在裁人，减少成本，甚至停业。广东更是'非典'的重灾区，携程网的业务量也开始下降，但是我们公司没有裁人，我们利用这几个月的时间，在公司内部举行轮岗培训。值得庆幸的是，恐慌很快就过去了，我们也挺过来了。"

当时有业内人士预测2004年将会有4~6家互联网公司在纳斯达克上市，沈南鹏想要抢占先机，尽管"非典"的影响还未消散，他就已经开始谋划了。在携程网的办公室里，几位携程网创始人开始编织携程网的未来。季琦对沈南鹏说："兄弟，我的任务完成了，我已经把公司做起来了，三轮融资也已经完成，接下来就看你的了。"

梁建章也对沈南鹏说："公司的各种管理体系已经搭建好了，

现在接力棒传到你这里了。"季琦继续说道:"听说,盛大准备于2004年年初上市,我们呢?"

沈南鹏笑着说:"你们放心吧,这件事情由我来处理,该出手时就出手嘛!不过,我相信,我们应该是这轮上市公司中的第一家。"

梁建章和季琦二人面面相觑,有点儿不敢相信,当时已经是2003年下半年了,而且"非典"的影响还在持续。沈南鹏回以自信的一笑:"我们只需要3个月的时间就够了。"他稍稍停了一下,继续说:"武侠小说中,剑客有三类:一种是手中有剑,心中无剑,结果乱砍乱杀;一种是手中有剑,心中有剑,可惜力不从心;一种是手中无剑,心中有剑,能摘树叶当剑。而我属于第三种。你们等着看结果吧,3个月后,你们马上就会明白什么叫作专业了。"

沈南鹏后来在接受《财经》专访时表示:"我们准备IPO,仅仅用了三个月的时间,整个上市过程都在按照计划的流程走,一点儿都没有耽误。"当时美国爆出多起公司的财务丑闻,因此实行了更加严格的审核政策。携程网上市属于顶着双重压力:一边是"非典",一边是严格的审核。还要抢夺一切时间,争取第一时间上市。

上市的第一步是路演。路演源于英文"RoadShow",是投资者与证券发行人在充分交流的条件下促进股票成功发行的重要推广手段。沈南鹏走遍了香港、新加坡、伦敦,最后到达美国,在美国去了波士顿、纽约、旧金山、丹佛，每走一处都要进行路演，最忙的一天连续开了近10场与投资者的见面会，整个行程极为紧张。

让沈南鹏高兴的是，他的努力没有白费，路演效果非常好，投资者纷纷对这家来自中国的旅游行业互联网公司产生了浓厚的兴趣。最初的股票发行价格拟定为每股14～16美元，最终上调到18美元。

美国东部纽约时间2003年12月9日上午10点45分，即北京时间12月9日晚11点45分，携程旅行网在美国纽约纳斯达克股票交易所正式挂牌交易。携程网成为自新浪、网易、搜狐之后，又一个在美国纳斯达克上市的中国互联网公司。

是日，这只发行价为每股18美元的中国互联网概念股，以24.01美元开盘，并以33.94美元的价格结束全天的交易，比发行价上涨88.56%，一举成为美国资本市场3年来首日表现最好的IPO。上涨还在继续，到12月12日收盘时为止，在第一个交易周内，携程网的股价已经比发行价抬高了118%。

此时，携程网的年营业总额为人民币1.73亿元，净利润为人民币5381万元。沈南鹏不仅欣慰携程网渡过了难关，更让他高兴的是，在情况不利的条件下携程网成功上市，这恰恰说明了目前的商业模式内在的良好弹性。

登陆纳斯达克，携程网筹集到了近8000万美元的资金，为继续腾飞提供了有力的支持，开始了旋风式增长。随着中国人消费水平的不断提高，外出旅游的人越来越多，各种旅游公司也如雨后春笋般出现，然而这些公司在携程网面前都不是对手。携程网始终牢牢占据着国内在线旅游一半以上的市场份额，而且还在不断地扩大优势，早已傲视群雄。

6.沈南鹏谈携程网上市

2004年，携程网上市后沈南鹏受到了众多媒体的追捧，各大经济论坛也邀请沈南鹏去演讲。在一次演讲中，沈南鹏谈到了关于携程网上市后的一些感受。

沈南鹏说："我们的故事和新浪、搜狐有点儿相似，唯一不一样的是，这个公司在最早创立的时候可以说有预谋，我们按照这个计划做，就知道想让这个风险基金来支持我们，通过三四年的时间，最终走到纳斯达克。我们的商业模式和美国的一些著名的公司相似，设计的路子比较清晰，一步步走过来，没有什么特别大的惊喜。"

演讲中，沈南鹏谈到了携程网上市的三点感受，他说："第一，作为上市公司，你要更加地专注你的本业。比如前两年我们感觉到新经济型酒店很好，于是开了一个董事会，决定了就做，今天作为一个上市公司来讲，对于你专注不专注主业，什么叫主业，可能看得非常重要，在美国可能希望你是一个行业的领头羊，业务不要太分散。作为企业可能有一些连带的发展机会，要不要做，这对我们的公司可能是一个非常大的挑战，搜狐和新浪可能也会碰到这样的问题，对我们来讲，专注再专注，可能是市场给我们的一个基本的信息。

"第二，透明度的问题。我们的股东比较多，尤其是小的股东，加起来有10个股东，每次公司要卖股份或者是怎么样，要征求各位股东要不要一起走，要和各位股东交流。不管他有2%还是3%的股份，他打电话来问一些详细的情况，你得跟他解释。上完市以后股东就不是十几个了，就是几千个，我们说的透明度就是这个，要不断汇报工作。我们领导层一定要把公司的一些发展情况公开，而且有一些法律通报，什么该说，什么不该说，在该说的时候还必须说，这对公司造成了一些额外的压力或者说负担，你都必须有相应的机制去应对。

"第三，我们上市两个月之内，股价最高到了43美元，最低是24美元，这样的波幅也是蛮惊人的，上市价是18美元，也就是说股票市场的波动是很大的，也是没法控制的。比如有人说中国又有SARS，可能会跌15%～20%，有句话叫'一颗红心，两手准备'，你要相信群众的眼睛是雪亮的，长期以来股价的增幅能够反映公司的长期经营状况。"

沈南鹏讲的第一点是专注度问题，他表示专注是企业上市的一大关键。不说企业早期，就是在企业蓬勃发展后，很多企业扩大业务范围，甚至把业务扩展到不相干的领域，导致企业的资金链承受巨大的压力，乃至断裂，结果就是新业务失败，同时又拖累了赖以生存的原有业务。

沈南鹏谈的第二点是透明度问题，也是困扰很多想要上市公司的问题。很多公司在创业之初为了获得更多的优势，在股东方面、债权方面弄得很混乱，一旦上市面临公开透明的局面会手忙脚乱，甚至一些公司就此被发现有弄虚作假之处，以致陷入于己不利的局面。

沈南鹏谈的第三点是关注股价增幅。沈南鹏以携程网上市后的例子来说明股价的增幅对于企业的影响，要对此做好充分的准备。沈南鹏的言外之意就是你的企业若是做得足够好，股价就会自然而然地上涨。

携程网上市是沈南鹏创业的一个里程碑，这次上市从某种程度上来说是一种圆梦，沈南鹏从一个投资银行的董事回到中国创办互联网企业，这件事本身就带有传奇色彩。而他只用了4年的时间就把携程网带到纳斯达克，则更是传奇中的传奇。

第六章 上市后，成长没有终点

1.携程网上市后的改变

携程网在上市后取得了空前的成绩，引来国内外媒体的一致赞美。但是在这份赞美面前，沈南鹏并没有懈怠，他对于上市问题思考得比较深，甚至一度反对携程网过早上市，他表示一定要等到携程网的业务成熟了，确定了健康的商业模式之后才能上市，不过也不能太晚，以免丧失了市场先机。

在携程网上市后，沈南鹏接受了一些媒体的采访，他表示上市公司要更加专注自己的本业才能长久发展。沈南鹏说："中国的很多行业，包括旅游业在内，发展速度都非常快，这就同时意味着有很多机会和诱惑，但是一个企业要有所为有所不为。"专注是携程网最重要的企业文化。一面要专注本业，一面还要关注新兴的业务，同时还不能出现盲目扩张导致业务繁杂的情况。

在携程网没有上市之前，在专注问题上把握得很好。沈南鹏和公司上下都有明确的发展目标，很清楚携程网未来一个月要实现什么目标，两个月要实现什么目标，一年后又要实现什么目标，为此甚至放弃了一些赚钱的机会。上市之后会面临更大的诱惑，要抵制这种诱惑是十分困难的。有太多的企业在上市后认为自己实力强大，就四处开展业务，最后被繁多的业务给拖累了。

像沈南鹏最早没有选择做度假产品和机票，就是因为当时的物流和支付很落后，如果开展的话会很艰难，所以就把目光放在了酒店订房上，当酒店订房做大之后，再进入度假产品和机票上，这是一个循序渐进的过程。

携程网上市后面临的第二个问题也是所有上市公司面临的问题，那就是透明度的问题。携程网上市前的大大小小股东加一起只有10来个，在关于携程网的一些决策上可以很方便地把股东召集起来征求意见，但是在上市之后股东就变成好几千个，要不断地汇报工作，要公开发展情况乃至财报。在这种情况下，什么该说、什么不该说就变得很难拿捏，需要很谨慎地对待。

另外，股票市场的股价波动也很重要。携程网在上市后的最初两个月之内股价最高位43美元，最低24美元，这是一个很大的波动，可是又没办法控制。股价的增幅是能够反映公司的发展状况和前景的，沈南鹏说："上市公司的股价虽然没法控制，但是你可以不断地把公司的核心竞争力加强再加强，是金子总会发光的。"

携程网在纳斯达克市场面临着许多挑战，因为海外有着不同的游戏规则，携程网必须保持高速增长才会不断地吸引投资。还有一点，看上去携程网在国内已经是"老大"，似乎没有什么对手，实际上危机四伏。范敏是这样解释的："像携程网这样的成长性企业，上市后最大的好处就是企业的品牌和货源得到了拓展；苦恼的是，上市公司都很透明，从竞争的角度来说，公司更加开放，更容易被竞争对手复制和模仿。"

沈南鹏曾经在华尔街执业多年，他对上市问题看得比较清晰。携程网此番上市成本不低，律师费、会计费等不会低于企业成本的15%～20%，上市后携程网内部治理结构问题也很重要，股东和企业的目标不同，股东看股票涨跌，企业家看企业的长期发展，这就有了冲突。

成长没有终点，携程网上市的光辉一面是给别人看的，真正的问题和烦恼还是要沈南鹏和几个高管来解决，一刻也不能放松。

2.聘用最优秀的人才

随着携程网的业务越做越大，整个公司都处在一个高速增长期，所以携程网的员工数量一直以几何倍数增长，当时每年大约需要招聘1000名员工。通常情况下，需要招聘的员工越多，招聘的要求就会降低一些，但是沈南鹏绝对不允许出现这种情况，无论招聘规模有多大，都决不降低员工选拔的标准。

携程网招聘有三看。一看应聘者的诚信，这是携程网最看重的东西。尽管在短暂的面试中很难考察出面试者的诚信问题，但是也会非常严格地核实面试者对自己的表述，如果出现撒谎等行为，即便该面试者学历再高、能力再强，携程网也不会录取。

携程网招聘二看应聘者的学习能力。因为很多应届大学毕业生是没有工作经验的，这没关系，只要应聘者的学习能力出众就行，毕竟携程网的很多岗位都要经过培训后才能上班，这就要求应聘者的学习能力要强。

携程网招聘三看应聘者对携程网企业文化的认同感。携程网兼具互联网和传统服务行业的两大特点，因此在招聘过程中会考虑到员工对于企业价值观念和企业文化的看法，这决定了新员工能否更好地为携程网服务。

关于考察员工，携程网有一个平衡计分卡来建立胜任力模型，帮助员工做自我规划。携程网的胜任力模型根据品德、技能、合作力和领导才能四大类分为30项具体能力要求，每个员工的级别都不相同，但是胜任力单项能力相同，只是要求逐级增高。

胜任力模型是携程网人力资源部招聘、培训、考核、晋升时的统一依据，携程网的胜任力培训也按能力的要求分课程进行，对所有的主管级员工公开。同时，这一标准对员工也是公开透明的，每个员工都可以看清楚自己的职业前景，通过胜任力考核表就能够知道自己岗位的要求、薪水以及相关的提升。

公司的新人入职流程细致如下：一名刚入职的员工要进行3个月的入职培训，上班后会有老同事进行专门指导，如果入职培训的考试没有通过，也是有补考的机会的。如果并不适合现在的职位，还可以调岗。携程网的业务部门有新员工关怀计划，用携程网内部的一句话来说就是："人是携程网选择的，从他进入携程网的第一天开始，我们就要对他负责。"

携程网的人力资源部会对员工进行跟踪评估，对成绩好并且有发展潜力的员工进行帮助和提携，携程网希望每一个员工都能在两年时间里跃上一个职业发展的新台阶。

在沈南鹏的一手策划下，携程网建立了完善的培训体系，人力资源部主管以上员工承担胜任力方面的培训，业务培训则由业务部门承担。在各个业务部门里有专职培训教师，最多有10人，而高级经理以上的管理层都是携程网的内部讲师，每年必须为员工提供一定小时数的授课。

在携程网最重要的还不是这种课堂上的培训，更多的是"一对一"的提携。每年的新年伊始，携程网的部门主管都必须和自己的下属沟通新一年的职业发展计划，明确哪些工作是需要提高的。在接下来的时间里，每隔一段时间就要做一次完善的评估，员工还可以选择比自己职位高的其他部门管理者作为自己的导师，接受导师的全面教导。携程网的考核是团队大于个人的，也就是说更加注重团队的建设和成长，一个团队里只有一个人优秀是不行的。

携程网的人力资源总监表示："在过去，找合适的人，给他合适的工资，这就是人力资源部的工作；但是现在不同了，我们要深入各个业务部门，为他们寻找合适的人才，并且协助业务部门帮助人才更进一步。"

在用人问题上，沈南鹏格外认真，他甚至认为这关乎携程网的生死。沈南鹏选拔员工十分严苛，但是在员工福利方面特别舍得花钱，还曾入选过2014年"非常雇主"。举例来说，员工在发生医疗保障问题或受到意外伤害时，为了能得到及时有效的治疗和恢复，携程网除正常给员工缴纳法定医疗保险以外，还通过参加商业保险公司承保的医疗保险、意外险、定期寿险及重大疾病险，提高员工的医疗福利待遇。

为了提高公司员工外出度假的福利待遇，每年度携程网为正式员工根据不同级别提供不同金额的度假福利金。携程网除此之外还有很多福利政策，企业人性化、待遇好才会给企业招来优秀的人才，才能使企业得到更大的发展。

沈南鹏更注重打造的是一种文化认同感。携程网每年都有10个高层岗位竞争，有八九个都在公司内部选拔而出，沈南鹏向员工提供包括股票期权、年终奖等奖励方案，激发员工的工作动力。同时还积极鼓励员工成立兴趣小组，大家周末互动、旅游是常有的事。在携程网高层是不需要和员工打成一片的，因为本来就是一片的，CEO与员工一起吃饭的制度一直在携程网延续。在这种企业文化的熏陶下，携程网的员工素质一直都维持在一个非常高的水准上。

3.携程网"再出发"

1999年，4个不算很年轻的人一起创办了携程网，并在4年后带领携程网登陆美国纳斯达克。10年后，携程网已经拥有超过60亿美元的公司市值、63亿元人民币的品牌价值。在这一过程中，4位联合创始人中有3位逐渐淡出携程网管理层，沈南鹏创办红杉中国，梁建章赴斯坦福大学攻读经济学，季琦则创办汉庭，只剩下范敏。

"4个人都守在这里，其实有些浪费，在我们4个人中，我对旅游是最有热情的，即使11年后的今天，也依然充满激情。"范敏说，"虽然没有一个创始人会伴随企业一直走到最后，但是在携程网的第二程，我仍然会尽心尽力。"

范敏表示自己是携程网4位联合创始人中最热爱旅游业的。的确，与其他3位不同，范敏自从毕业后一直从事旅游业的工作，他经验丰富同时又不缺乏敏锐的观察力，也具有极强的执行能力，他能够为携程网带来什么呢？

2010年，范敏接受记者采访时说道："如果1999—2009年是'第一程'，实现了携程网在全国的领先，那么下一个10年的'第二程''再出发'，我们希望携程网能够成为在全球与世界级的优秀旅游集团比肩的旅游企业，从旅游服务中间商到成为旅游服务供应商。"

范敏身上的担子很重，携程网要在"第二程"继续创造辉煌需要付出更多的努力。他说："第二程的重点就是要把休闲市场份额做得更大，同时在把原有的订房、订票这样一些单向服务做得更好的基础上，做进一步的拓展，比如以前可能只是卖一张机票、一间房，但现在却是给用户提供一个多元化的旅游解决方案，可以是自由行，也可以是半自助，实现'商旅管理服务'。"

携程网最早起家于订票，但是订票的业务越来越不好做，拿淘宝来说就有很多商家在售票，还有越来越多的航空公司也开始直接售票，也有其他的竞争对手能更快、更便宜地订票，这对于携程网的挑战无疑是巨大的。

范敏倒是看得很轻松，他表示："携程网之所以领先，关键就在于携程网的规模化难以复制，淘宝等其他公司确实会分流一部分客户，但是相对于个体而言，携程网更具有规模上的优势，因为携程网不仅仅可以帮客户订机票，还可以实现商旅管理服务，这是很多淘宝店做不到的。"

随着大批经济型酒店的崛起，其中很多酒店不再依赖于携程网，不再选择与携程网合作。像如家、汉庭尽管还在和携程网合作，但是汉庭一些酒店房间在自己的官网上的价格甚至比携程网上显示的还低。

对此，携程网推出星程酒店联盟，采取收取品牌合作费的模式，主要吸收各地的低星级酒店加盟，由星程酒店输出管理和品牌。根据星程酒店官方网站介绍，目前星程酒店在北京、上海、宁波、大连等地拥有近30家酒店，而全国的低星级单体酒店共有2万余家。除此之外，范敏还开展过"整风运动"，对企业文化认同进行了整顿，使携程网上下都有了新的目标。范敏还制定了许多新的宏观战略，力图为携程网打造一个全新的局面。

摆在范敏面前的是一个艰难的任务，俗话说："木秀于林风必摧之。"携程网作为行业内领军人物自然被各方"势力"视为"眼中钉"，这更加大了范敏挑战的难度。不过，作为叱咤商界这么多年的人，范敏甚至有些享受这样的挑战，否则对于他来说有些太平淡了。想起过去"携程网四君子"一起创业的日子，范敏颇为感慨地说道："以前靠我们4个人加一个年轻的团队，现在靠我一个人加一个成熟的团队。从这个角度说，差不多。"携程网的几位创始人就像是在跑接力赛，相互接替奔跑着，为的是让携程网这炬火把一直传下去。

4.遭遇"围剿"，携程网强力反击

自携程网上市以后，就引爆了国内旅游网站行业大战，尤其是当2006年梁建章辞任CEO赴美留学后，一时间危机四伏。携程网对于

搜索技术疏忽了，这个关口凭借着搜索技术的发展，诞生了去哪儿网等一批旅游网站。还有，原联邦快递金考中国区董事总经理崔广福，接手了濒临倒闭的艺龙，艺龙的战略是规避掉携程网的优点，转而以"在线酒店预订"为核心模式。

尽管范敏为携程网制订了许多计划，但是金融危机下携程网业务下滑，更重要的是竞争对手们全都虎视眈眈。携程网此时被一股强大的成功惯性推动着，新诞生的旅游网站都以携程网作为头号敌人，在这场"战争"中携程网输不起，对于那些小旅游网站来说，挑战携程网无论输赢都可以把自己的影响力扩大。因此，后起之秀们纷纷以特别挑衅的方式挑战携程网。

如在2006在年年末，去哪儿网在推广页面上，抓取了携程网对应机票产品的价格，并标注了非常明显的删除线，以显现去哪儿的价格优势。携程网本不想将此事闹大，这样会助长去哪儿网的声势，所以并没有找去哪儿网理论，而是直接投诉到了工商部门。

结果，去哪儿网主动向媒体爆料事件经过与行业内幕，将自己成功地塑造成"挑战者"。最终，去哪儿网虽然遭到工商部门的告诫，却赢得了舆论风向。又如，2010年3月，刚刚扭亏的艺龙，在网上挂出了"比携程网贵就赔3倍差价"的公示，主动排查价格高于携程网的酒店，对于成功预订并入住这些酒店的用户，按照3倍差价原则进行现金返还。

更具戏剧性的是，2011年11月携程网12周年庆，去哪儿网创始人庄辰超竟然跑到携程网总部办公楼里挖人。

有数据统计，2012年第二季度财报显示，艺龙净营收1.85亿元，同比增长33%，利润0.16亿元，同比增长125%；而携程网净营收9.74亿元，同比增长17%，利润1.68亿元，同比下降37%。

财报数据的背后，其实是对手通过价格战获得高于携程网的增速，而在价格战中，对手的赢利能力不降反升，携程网却元气大伤，其股价从2011年时最高50美元，下跌至15美元左右的谷底。更让沈南鹏、范敏等人担忧的是，竞争对手们纷纷傍上了互联网巨头。2011年5月，腾讯斥资8440万美元，购买艺龙16%的股份，成为其第二大股东。一个月后，百度斥资3.06亿美元，持股去哪儿网62%的股份，成为其第一大股东。

2012年，面对重重压力，梁建章回国了，重任携程网CEO。当时梁建章接到一个老同学的电话，令他感到事情迫在眉睫。此前这位老同学一直是携程网的忠实客户，但这次他却选择了对手的机票产品。"真的比你们便宜啊，而且服务也不错。"老同学说。

梁建章一回来就大刀阔斧地进行了"反围剿"。梁建章召开携程网董事会，一条震惊业界的消息从这次会议上传了出来——携程网将投入5亿美元，开展低价促销。5亿美元甚至超过了当时艺龙整家公司的市值，梁建章的魄力可见一斑。他说："我们的对手在价格战上尝到了甜头，但我们一旦开始强力反击，他们就只有吃苦头了。我们对于价格战的承受能力，远远大于对手。"

除此之外，携程网又展开"并购""投资"的策略，先投资主打北美旅游的途风，然后又涉足租车领域，还索性拿下蝉游记，将旅游攻略板块也囊括进来。因为在携程网看来，除了酒店、机票等传统旅游领域，游记攻略能最大限度地帮助其提升无线端业务量，而无线端正是各大OTA目前纷纷争夺的"香饽饽"。

正当大家都以为携程网的并购就此收手的时候，携程网又出新招投资途牛；入股途牛的同时，携程网又将目光投向了同程。尽管携程网投入了数亿元进行门票价格战，但毕竟同程才是专业门票业务的领先者，于是"财大气粗"的携程网立马以最简单的方式成为同程的第二大股东。所谓没有永远的敌人，只有永远的利益。途牛的团队游优势、同程的门票业务优势都是携程网所看重的，携程网的一系列反击收到了非常好的成效，目前其业务已经覆盖了酒店、机票、火车票、度假、商旅、团购等众多领域。

梁建章在回答媒体采访的时候也霸气十足，他表示携程网没有直接竞争对手，在酒店领域携程网的收入是艺龙和去哪儿的数倍，机票收入领先去哪儿，跟团游收入高于途牛，在综合领域没有直接竞争对手。

在外部携程网大举进军，在内部携程网也进行了革新。梁建章打破了金字塔式组织结构，改为其带来的矩阵式管理。他将携程网划分为无线、酒店、旅游和机票等几大事业部，不但充分授权，还配置资源，然后以目标责任制来考核。

矩阵式管理适合稳定的市场，但在快速增长的市场，事业部制能够快速决策，并激发团队的主观能动性。梁建章表示："他们就像一个小公司，独立拥有技术、行政等职能单位，很多事情自己就能拍板，自己就会回去想，怎么占领新增市场。"

2013年9月，携程网请来著名影星邓超代言无线业务，推出"携程在手，说走就走"的广告，成为业内第一家请明星代言无线业务的公司。2013年11月6日，就在去哪儿上市6天后，携程网发布第三季度财报：净营收15亿元，同比增长31%；利润3亿元，同比增长58%。2015年，携程网收购艺龙37.6%的股份，成为艺龙的最大股东。

对于消费者来说，携程网的logo是一只可爱的海豚，而对于携程网的竞争对手来说，携程网简直就是一只凶猛的鲨鱼，稍有怠慢就会被鲨鱼咬上一口。未来携程网还将面临很长一段时间的"被围剿"状态，毕竟"木秀于林风必摧之"，携程网是行业内领军人物，自然被很多后起之秀盯着，携程网不会在这种问题上懈怠，未来还有很长的路要走。

而此时的沈南鹏已经踏上了新的征程。

第七章　家由心生，如家酒店应运而生

1.一个帖子引发的灵感

2001年的一天，沈南鹏正在办公室思考着什么，携程网创始人之一季琦走了进来，对他说："跟我来，我发现个问题！"原来，季琦在浏览网页的时候，发现有一个网友的帖子，该网友抱怨在携程网上预订的宾馆价格偏贵，再仔细翻一翻发现还有抱怨携程网上的锦江之星和新亚之星酒店根本预订不上。这个问题引起了两位创始人的注意。酒店价格高携程网管不了，那是酒店自己的事，但是沈南鹏想起来常有消费者在订酒店的时候询问有没有干净又便宜的酒店，这似乎跟携程网也没什么关系，敏感的沈南鹏却对此格外注意。

沈南鹏开始分析携程网上的订房数据：在由携程网提供客房预

订服务的酒店中，平均客房出租率为70%~80%，而两家没有经过任何星级评定的连锁式小酒店，客房出租率却常年保持在90%以上，常常客满。

这两家酒店就是前面提到过的锦江之星和新亚之星，是中国最早引入连锁经营模式的经济型酒店。为什么这两家没有任何星级的经济型酒店却有那么高的出租率呢？沈南鹏陷入了沉思。

沈南鹏忽然回想起来某一年的美国之行："那年我去美国，经过达拉斯，从郊外开车到市内，也就30分钟的车程，两边闪过的低星级酒店就有30多家，可见这个市场的容量有多大。"达拉斯是美国著名牛仔城市，沈南鹏的那一段经历再普通不过了，他却能够跟当下联系起来，一眼就看出其中的商机，这不得不让人佩服沈南鹏的观察力。

一个想法此时在沈南鹏的脑海里闪现了，他开始构思新的蓝海。中国的风险投资与欧美的完全不同，欧美国家有着高度发达的产业，只有新兴的如IT、半导体等行业还有机会。而中国不一样，餐饮业、服装业、酒店、教育等都还有非常大的挖掘空间。所以沈南鹏面临的是一个"空白"，在国内只有少数几家酒店是连锁模式，这样也就意味着很可能存在大量的机会。

沈南鹏善于审时度势，善于发现未来，他说："'制造业在中国'的背后，还有市场更大、机会更多的行业，那就是各种消费，在中国类似携程网、新东方，他们服务于中国的消费者，提供品牌的产品和服务，这些消费行业都有建立成功企业的机会。"

沈南鹏抓住了这次机遇，完全是在一个普普通通的帖子中想到的，这就是一个企业家所必备的抓住机遇的能力，要时刻保持着敏感的嗅觉，正是这一次发现，成就了沈南鹏事业的第二个高峰。

2.谋定而后动

沈南鹏的脑海里产生构思后，并没有轻举妄动，他还要做大量细致的调查。早年做投行的经历让他明白，只有在充分了解的情况下才有把握做成事情。有这样一个案例足以说明调查的重要性。

1999年，法国雷诺公司买下了负债190亿美元的尼桑公司36.8%的控股权，雷诺派遣卡洛斯·戈恩前往日本，对这家濒临倒闭的公司进行改革。戈恩一到尼桑就展开了内部和外部调查，半年之后才制定出来改革战略和执行方案，由于整体振兴方案来自调查结果，因此得以快速贯彻执行。戈恩大刀阔斧地关闭了5个工厂，裁掉2.3万名员工，严格控制支出，在日本被称为"无情的成本猎手"。结果很是惊人，尼桑在第二年开始扭亏为盈，赢利27亿美元。

这就是充分调查的力量，没有调查就没有发言权，没有调查就没有决策权，在竞争激烈的行业中想要了解市场、了解客户、了解消费习惯就要进行深入的市场调查，科学地进行系统规划分析，才能触摸到市场的真实脉动。

摆在沈南鹏面前的问题也是如此，为什么这两家小酒店会受到欢迎？为什么这种连锁模式能够拓展开？又能为携程网带来什么好处？

一番调查过后，他发现锦江之星和新亚之星两家酒店有很多共同的特点。比如在经营模式和管理模式上，两家酒店都采用的是连锁模式；布局多用在经济发达地区，选址都是在交通便利的地段，而且周边不像一些星级酒店那样有什么电影院、游乐场的；酒店硬件也不追求排场和华丽，主打的是安全卫生、服务到位；最重要的是这两家连锁酒店的平均房价在200元以内。

在大家的观念中，星级酒店奢华舒适，但不是一般人能够消费得起的，而一些小旅店便宜是便宜，但是环境差，甚至晚上睡觉连门都锁不好，极为不安全。沈南鹏还发现：在欧洲和美洲地区经济型酒店和豪华酒店的比例为7:1，也就是说每8家酒店当中，就有7家经济型酒店。而当时的中国市场，比例几乎是1:7，这种结构是不正常的，因为中国整体消费水平还不高，对于便宜酒店有大量的需求，而恰恰在中国这种经济型的酒店还比较少见。

这种经济型连锁酒店大都物美价廉，以服务取胜，以突出的性价比赢得消费者，设施也干净、安全，主打的是快捷，针对的消费人群为白领、中小企业商务人士、学生、普通旅游者等，这类人群预算不是特别多，又对住宿酒店的条件有不低的要求，只有经济型酒店才能够满足他们的要求。这就为沈南鹏创立酒店提供了广阔的空间，沈南鹏认为中国规模化发展现代经济型连锁酒店的时机已经成熟了。

如家的诞生并非偶然，如家是在沈南鹏的深思熟虑下，也在其他创始人的鼎力支持下诞生的，在合适的时间被机敏地发现了。沈南鹏善于发现机遇，更善于把握机遇，他的执行力非常强，认准之后立刻就会行动。若当年沈南鹏稍慢一点儿，恐怕经济型酒店的市场就会被别人占据了。

2002年，如家连锁酒店正式诞生，可以说有水到渠成之意。市场的空白加上沈南鹏敏锐的嗅觉和超强的执行力，使得如家迅速诞生，再加上当时携程网已经开始盈利，手里有钱，沈南鹏要考虑如何让钱生钱，那么携程网的优势就在于酒店这一块，最终选择了创办经济型连锁酒店。

沈南鹏为如家在战略层面选择了独特的定位，舍弃了星级酒店豪华设施、豪华大堂、餐饮服务等，仅保留住宿的核心功能，并找到了每晚200元左右的价格空当，而在运营层则选择了连锁模式，这更容易确立品牌认知。如家诞生之后受到了非常多旅客的欢迎，因此如家在诞生初期就获得了非常快速的扩张。

如家开始走上正轨，沈南鹏为如家设计了哪些发展路线呢？

3.服务，让旅途中人感受家一般的温馨

从如家这个名字就可以看得出来，这家酒店的服务核心就是让

旅途中的人们找到家的感觉，这也是沈南鹏最为看重的地方，他要让如家真正地做到宾至如归，如此才能在同行中脱颖而出。

2002年6月，如家快捷酒店应运而生。如家精准地把市场定位锁定在中低端商务人士和休闲旅游人士身上，用最好的服务和低廉的价格吸引消费者，这两点极大地刺激了消费者，如家刚一诞生就广受好评。

虽然如家是以价格低廉取胜，但是如家的研发团队却都是高端专业人才。从如家内部来看，如家花重金引进了专业的管理团队，其核心团队囊括了金融、酒店、IT业等高端人才。

沈南鹏说："我试图从核心竞争力方面来回答这些问题，但是我发现核心竞争力不能完全解决问题，因为确实我们没有什么核心技术。携程网的竞争力表现在服务体系和执行力上，我们上市那一刻，我们和竞争对手的比例从1：2.5上升到1：5这样一个距离，携程网占的市场份额越来越大，原因是什么？就是因为携程网给别人提供了更好的服务，用户的体验是最佳的。"

沈南鹏把携程网的服务标准也搬到了如家上，不过一个是网站，一个是酒店，如何能够融会贯通呢？说起来也简单，那就是对待酒店的每一个细节都一丝不苟。

2001年年底到2002年6月，如家从概念到设计，完成了自己第一家样板店——北京如家酒店。这家酒店由携程网创始人季琦亲自打理，一开始借鉴的是国外的成熟酒店管理模式，通过与国内情况融合，真正用心打造，用服务赢得消费者。

如家在细节上下了很多功夫。如家的客房墙面以淡粉色、淡黄色为主色调，地毯及室内用品与墙面相映衬；家具内饰以温馨的家庭风格为主，多用淡雅、简洁的装修；如家打破星级酒店和旅社床单、枕套都用白色的传统，而是改用碎花的，房间内饰也不用简陋的塑料；此外，如家在客房配置了可折叠的行李架以节省空间，在卫生间配备两种颜色的毛巾牙具，以避免两位客人同时入住时可能产生的麻烦。

就连杯子的摆放如家都有着与众不同的标准。一般来说杯子的摆放都要有统一的位置，但是现在只要客户满意，客房的服务人员可以按客户喜欢的方式摆放。如家还有免费的WiFi，为消费者提供上网流量。

尤其值得称道的是，如家充分融合了网络的力量，从开始就将网络基因植入其中。比如，如家快捷酒店在2005年针对会员推出了"6+1"促销活动（凡是一个月内消费满6夜的顾客就可以享受一次周日免房费服务），由于有一套成熟的客户管理系统，如家通过数据库就能取出满足条件的客户资料，既快捷又节约了成本。

如家能够在连锁酒店这场战争中取胜其实一点儿也不奇怪，因为如家的整个服务体系都是国内首屈一指的，他们能在处理几百间客房之余，保障每一间客房的优质服务。沈南鹏也自豪地说道："这一点我认为携程网开了一个好头，我们看到，在中国高档的酒店外资都已经进来了，连锁酒店占了相当的规模，但低端酒店一方面很少有连锁的品牌，另外以前那种连锁的招待所也好，酒店也好，产品和服务都比较差。"

沈南鹏给如家的定位可以用一句话概括："五星的床，四星的房，三星的堂，二星的价。"他对如家的描述是："如家保证你能舒舒服服地洗个澡，躺在干净柔软的床上看电视，或者上网，然后看着免费提供的书进入梦乡。"

10年来，如家每年收入增长率保持在25%～200%。2011年，集团收入达到39.6亿元，1426家酒店分布于中国的212个城市，处于全球酒店业综合排名前10位。

如家酒店集团旗下现有5个酒店品牌：和颐酒店、如家精选酒店、如家酒店、莫泰168酒店和云上四季酒店。截至2014年12月，集团在中国330个城市共有3000家酒店投入运营，形成了遥遥领先于业内的国内规模最大的连锁酒店网络体系。

4.如家品牌的建立

但是如家在诞生之初并不顺利，被很多媒体唱衰，因为对加盟店管理不善而使自己形象受损的事情也出现过几次，所以如何让如家这个品牌真正建立起来，成为沈南鹏首先要解决的问题。

沈南鹏说："当一家酒店外观和硬件与如家存在差异，就不可能在管理上与我们一样，也不可能做到100间客房30个管理人员。根本不可能按照如家的模式来经营，对如家只能是负面影响。"而加盟店大多存在这种问题。

沈南鹏痛定思痛，最终很快决定叫停了盲目的加盟店模式，甚至后来随着如家的一步步壮大，有很多三四星级酒店找到沈南鹏，表示希望加盟，让如家管理酒店，一年赚个100万元实属轻松，但是沈南鹏也没去赚这笔钱。沈南鹏说："做企业和赚钱是两回事，哪怕他们不是拿如家的牌子，假设叫如家什么什么，这也是很有问题的，分散了管理层的关注度，对品牌是一种稀释。"

沈南鹏严格管控加盟店的数量，当时签订协议的酒店共有126家，直营店占89家，特许加盟店只有37家。就这37家酒店也要接受严格的管控，必须按照统一标准来执行。如家甚至规定每一家加盟店的店长都要从总部派出，并且员工要接受统一的培训。为了提高店长的素质，如家甚至还设立了如家酒店学院，对店长进行严格培训，进而对整个流程施加更好的执行力。

"品牌的体现形式，其实就是获取客户、主动营销的能力。酒店的市场营销靠什么呢？靠的就是建立自己的客户群。"沈南鹏对于品牌建立有自己的心得，他认为如家要想真正地把品牌建立起来，就一定要在连锁化过程中保持一个高标准的要求，并且通过一家店将经验辐射到其他几百家店上，让所有的店都受益，不犯同样的错误。

如家真正地把"连锁"二字做到了极致，真正做到了简单但并不简陋，反而充满温馨，让旅客只用200元钱就能够住得舒心、安全。经济学家钟朋荣曾经把如家成功的原因归纳为："不追求评星，不照搬国外，从消费者的需要出发，减掉多余设备和多余服务，进而使房价大幅度下降，让消费者得到实惠。"

　　那么如家是怎么做到的呢？

　　一般来说大酒店都有中央空调，如家却用分体式空调，冬天更是开暖气。大酒店一般客房与员工的比例是1:1或者1:1.5，但是如家舍弃了大量多余的服务设施和管理人员，一般是100间客房设置30～35名员工。星级酒店每间房间都有冰箱，"就为了里面的几罐可乐"，观察到很多客人来住店根本就不享用冰箱里的可乐，所以如家干脆将冰箱也舍弃了，省得浪费电。

　　还有，经过调查，发现有60%的客人最关注的就是酒店的卫生，所以如家不会在这方面抠门儿，而是在其他方面缩减开支，比如不设立门童，就能够省下一大笔开支。如家一直努力在各个环节中控制成本，要在最省成本上取得最好的效果，借此才能够在低价格中取得大利润。

　　比如，高档酒店一般都有地毯，这东西软软的很舒服，但是如家发现地毯其实不贵，只是地毯会吸收味道，要不断地去味是一项复杂而且价格不菲的工作，所以如家就舍弃了地毯，改用成本较低的地板。

就连如家酒店外部涂抹的黄色的漆也是有道理的：黄色对墙面平整度的要求较低，也就是能剩下一大笔外部装修的钱，同时又不影响观感。如家在节省成本上是奇招频出，在门店选址上采取租赁形式，而且最好直接租原来就是酒店的房子，这样就能省一笔装修费。如家CEO孙坚说："这个社会上有很多资源可以利用，我们应当最大化利用，而不是重新建立，应当把烦琐的东西简单化，把简单的东西核心化。"

在项目投资时，以家居、精致、简洁为目标，不用豪华材料，不造奢侈场所，不搞宴会、会议、娱乐设施，尽力避免在闹市区征地，而尽量利用旧厂房、旧仓库、旧校舍进行改建。由于投资成本低，使得经营成本也大大降低。在功能布局上，没有豪华宴会厅、健身中心等高档饭店都有的辅助设施，使建设投入减少很多，从而大幅度降低了经营成本，保证了房价的低廉。在投资过程中通过集中采购，降低了采购成本和投资成本。

如家在建立品牌的策略上还有其他的办法，如家宣布将携手招商银行推出联名信用卡就是一个例子。这样的异业合作，在如家的发展史上并不少见——早前与携程网的亲密合作，后来与汽车租赁品牌安飞士的异业联盟，都让如家在借力打力中更好地增强了客户的品牌黏性。

正因为这份对于品牌建设的努力，使得如家的市场认知度越来越高，在全国范围内迅速扩张开来，形成如家帝国。

5.以直营为主，将加盟进行到底

从携程网到如家，沈南鹏认为自己走的是一条连贯的道路。尽管携程网是利用互联网订票、订酒店的概念股，如家是经济型连锁酒店，属于传统行业，但两者的共同之处都是旅游服务性企业。携程网的管理经验派上了用场，而且实际上也正是因为有了创办携程网的经历，他才注意到经济型酒店的商机以及巨大的市场需要。

沈南鹏说："以前酒店业的问题是对所有的人都是同一种产品。"如家的对象是中低端商旅人士，如家做好三点：卫生、安全、热水毛巾，价格只有200元上下，自然大受欢迎。

在如家扩张期间，选择什么模式扩张是个两难的选择，事实上这是所有的经济型连锁酒店都要面临的问题。直营店模式对于资金和管理的要求很高，开店速度会很慢；特许加盟的方式尽管可以飞速地开店，但是对于市场掌控的要求也高，一旦服务质量出现问题，就会把整个品牌都拖累了。

特许加盟的好处在于可以缓解企业的资金压力，国际上经济型酒店的扩张就依赖于这种模式。然而如家并没有直接选择特许加盟，初期采用的是直营店模式。原因在于如家要打造的是一个经济型连锁酒店的品牌，需要用直营店进行强而有力的品牌输出，在前期他们愿意拿出大量的真金白银去做如家直营店，先把如家这个品牌树立起来。

CEO孙坚认为，直营投入固然大，但从投资回报率看却是相当划算的。他表示："做特许加盟店的话，扩张速度会快一些，但只输出品牌和服务，对公司而言，仅仅是多收一些管理费而已。"孙坚举例，快餐巨头肯德基在选择特许经营伙伴时是非常慎重的，因为企业要考虑品牌形象。

2004年，如家被爆出负面新闻，调查后发现就是加盟店管理不善，给如家的品牌形象造成了负面影响。沈南鹏连夜跟高层们开会，讨论在保持扩张的同时如何保障新开店的质量。这一次如家吸取了教训，在面对未开发过的城市就必然选择直营店，否则不允许任何加盟店诞生。因为如家需要直营店对加盟店进行约束和管理。否则很多加盟店真的敢"无法无天"，会擅自降低装修水准，影响旅客体验，从而影响如家的品牌。

如家的直营店全部采取租赁经营的方式，每家店按月付租金，因而收入的现金流可以更多地用于对新店的装修改造。在充裕现金流的驱动下，如家以惊人的速度迅猛扩张，以直营店、特许经营、管理合同、市场联盟四种方式同步布点。

有人说，对于一个成立时间很短的企业来说，如家的扩张速度太可怕了。如家CEO孙坚却不以为然，他认为"和国外酒店集团两三千家连锁店的规模相比，我们真的还很小"，在这一发展阶段，如家首先以"直营店"为酒店发展的重点，通过直营店来扩大规模和提升品牌。随着直营店数量的增多及酒店品牌效应的扩大，如家开始综合采用特许经营、管理合同、加盟连锁等扩张方式，急剧扩张如家酒店数量。

在2002年半年的时间内如家就开了4家连锁店，展示出良好的发展势头。2003年1月，如家第一家特许经营店签约，同时也成为国内酒店品牌第一个真正意义上的特许经营案例。

2004年，如家在8座城市开了26家酒店，当年净营收9089.9万元人民币，净利润达596.9万元人民币。2005年底，如家开业酒店达78家，当年净营收达26903.1万元人民币，净利润2093.3万元人民币，发展速度呈加速增长态势，使得市场网络迅速拓展。2006年开业的门店达到120家，并在纳斯达克成功上市，是中国酒店业海外上市第一股。如家始终以顾客满意为基础，以成为"大众住宿业的卓越领导者"为愿景。经过10年的发展，2015年的今天，如家的门店数量达到3000多家。

可以看得出来，如家的发展步伐十分稳健，他们选择直营，但不拒绝加盟，只是对加盟店的选择极为苛刻，如家的每一步都走得极其稳重，但短短几年间就遍布全国。如家的理念是先把市场做起来，让如家的品牌和影响力深入人心，走口碑传播路线，在未来再发展特许加盟。

在未来，如家的特许经营可以吸收社会上的中小酒店加盟，将其纳入如家的品牌体系，按照如家的运作规程经营。在特许经营方面，与酒店业签署特许经营协议，授权酒店使用"如家"品牌，按照如家酒店连锁样板店的标准改造、运营，如家为特许经营店提供工程设计、市场扩展、品牌宣传、销售渠道、质检培训等全方位支持。

如家以超强的连锁复制力，综合采用了"合资""直营""管理""特许"等多种经营方式，以平均每月开1.5家分店的速度，形成了四海建"家"的市场局面。

6.越低迷越扩张

2008年，全球金融危机开始蔓延，如家也遭受了影响，如家发布的2007年第四季度财报显示，该季度总营收3.27亿元，净亏损1520万元——这是如家上市后首次爆出亏损，一时之间舆论开始倒向对如家不利的一面。

如家的亏损一方面是人民币兑换美元的汇兑损失，另一方面则是并购七斗星经济型酒店带来的影响。七斗星成立于2005年9月，定位是体验式商旅经济型酒店，刚成立时的七斗星曾经放出豪言壮志：要成为中国连锁酒店的领军人物，规模要达到1000家以上。七斗星走上了快速扩张之路，不惜成本地扩张门店，导致其平均单店成本高于行业水平15%，最终为七斗星被并购埋下了伏笔。

七斗星急剧亏损，到了2007年已经支撑不住，如家这时候以3.4

亿元人民币的价格收购了七斗星分布在国内18个城市的26家连锁酒店全部股权。随后如家在整合七斗星时耗费了一些资源，使得其财报第一次出现了亏损。

如家初期的成长是非常迅速的，成立之初只有5家酒店，而依靠在纳斯达克上市融资到1亿美元，在短短5年时间里，如家的连锁门店就已经覆盖了全国80个城市。但是在2007到2008年，情况变得不同，因为其间已经诞生了许多新兴的经济型连锁酒店，市场开始了残酷的分割，同时物价成本也在不断地上涨，使得如家扩张的空间变小，往往是同一条街上就有好几家经济型连锁酒店。

并且这个时候经济型连锁酒店的入住率和利润空间也在不断地下降，中国饭店协会调查数据显示，2006年中国经济型酒店的入住率已经下跌至82.4%，而平均客房价格也降到了209元，经济型酒店单店年回报率也从前两年的30%～50%下降到15%以下。如家初创时高达90%的入住率已经一去不复返了。

再加上金融危机的影响，很多企业都开始"节衣缩食"了，差一点儿的更是要裁员，稍好一点儿的公司也不让员工出差了——所以住酒店的人不多，很多媒体议论如家这种经济型连锁酒店要衰落了。

在这种情况下，沈南鹏却突然高调地宣布：如家将在2009年新开200家新店。此言一出，震惊业内外，因为这几乎是要再造一个如家，业内人士都猜不透沈南鹏是要干什么，更不明白沈南鹏是怎么想的。在低迷的经济形势下做出这样的大手笔扩张，难道沈南鹏就不知道风险吗？

沈南鹏当然知道风险，但这是沈南鹏三步策略中的第三步，也就是说如家的运作早就开始了，外人或者媒体看到的是"如家在金融危机中扩张200家"而已。那么沈南鹏的三步策略都是哪三步呢？

第一步，如家诞生之初，正是锦江之星一点一点地标准化建立门店的时候，如家的策略是"快速扩张"，利用沈南鹏的人脉资本以及其他携程网的资源，让如家实现快速扩张。沈南鹏认为此时的如家与对手的竞争关键在于连锁规模是否更大，消费者其实看中的就是这一点，他们自然而然地认为"如家的店更多，那就是更靠谱"。

第二步，已经站稳脚跟的如家成功上市，却催生了一大批经济型连锁酒店，包括老牌的经济型连锁酒店也开始学习如家这种大规模扩张的策略，加大投资，跑马圈地。面对这种形势，如家的做法是放慢扩张速度，转为内部修炼，开始专注于员工内部的培训，更加深层地引入科学的管理体系。如家CEO孙坚说道："要打造一张可以标准化、人性化的无形之网，撑起如家的全国一盘棋，快了不行，慢了也不行。"如家的内部修炼起到了作用，在当时的调查中，如家的入住满意度要明显好于其他忙着扩张的经济型连锁酒店。

第三步，此时来到2008年，金融危机肆虐，竞争对手们也因为残酷的厮杀而伤筋动骨，不得不放慢脚步疗伤。而沈南鹏却微微一笑，宣布如家要逆风飞扬，加速快跑，在规模上翻番，一下子把竞争对手甩在后面。

这一番较量就好像一次牌局，沈南鹏对别人手里的牌了如指掌，通过不同的步骤牵着别人的鼻子走，让竞争对手疲于奔命，难以望其项背。沈南鹏的气魄果然与众不同，在金融危机的情况下还敢如此大胆地实行第三步，并且成功了，只能说如家在残酷的市场竞争中脱颖而出不是偶然！

第八章 再登纳斯达克

1.出奇制胜，如家换帅

2004年，如家的发展越来越快，很多员工培训了两个月就要上岗，新开的店越来越多，在管理层面上有些力不从心。沈南鹏已经察觉到了其中的危险，他说："就像孩子的成长，长得太快就有可能导致孩子缺钙。"

沈南鹏意识到季琦和自己都是善于打江山的人，但是守江山并没有经验，需要专业的人才。此时已经过了激情创业的阶段，必须运用新的守成战略了。沈南鹏决定为如家换CEO，这一决定在当时甚至引起了风波，但是沈南鹏认为他们几个人太专注于酒店的细节了，然而创业型人才未必是经营型人才，如家要走连锁道路，那么连锁最成功的是零售业，为什么不在零售业找优秀的人才呢？

沈南鹏找到了孙坚。孙坚对酒店业几乎一窍不通，但是他有着丰富的连锁零售经验，以建立管理体系见长。孙坚早年在澳洲留学，1997年回国后就加入了泰国正大集团旗下的易初莲花超市，并很快凭借超强的工作能力升任为市场部总经理。2000年加盟英国翠丰集团下属B&Q百安居（中国）连锁超市管理系统有限公司，任市场副总裁，2004年，孙坚升任营运副总裁兼华东地区总裁。2005年1月起，孙坚加入如家酒店连锁任CEO。孙坚表示："连锁业就是重复复制你的企业。"孙坚为如家设计了1个支持中心和4个经营中心的战略性结构，孙坚说："从50家到110家就不能简单地依靠速度扩张，还要有整体的打法，就像足球，每个人都要有闪光点，但要讲究整体战略。"

沈南鹏给了孙坚充分的权力，而孙坚也对如家进行了大刀阔斧的整改。刚上任不久，孙坚就砍掉了管理合同以及市场联盟两种加盟方法，明确以发展直营店为主，暂缓短期内增加分店数量的特许加盟拓展方式。孙坚认为如家的品牌还没有强大到能够很好地控制和管理合作方式，所以有时候加盟店会和直营店之间出现种种问题。因为在创立之初，为了迅速占领市场，如家曾经同时采用直营店、特许经营、管理合同以及市场联盟四种方式，意图全面出击。最初用这种方式占领了市场，可是当如家逐渐做大的时候，就要改变策略了。孙坚说："速度第一，但非唯一。"孙坚把当时的时代定义为"乱世"，他说："那时候，五星级酒店的派头只能做三星级的吆喝，三星级的门面只好与一般旅行社抢普通的旅客。"

沈南鹏给如家找了一位优秀的CEO负责管理之后，就开始做自己最拿手的事情——积极运用自己擅长的资本运作给如家找投资。当时如家的注册资金只有1000万，在急速扩张状态下就一定要有大量的资金支持，否则一旦资金链发生断裂，不仅仅是扩张停滞，很有可能会给如家致命一击。

虽说沈南鹏是风险投资界的高手，但是当时经济型连锁酒店并不被人看好。不过由于如家的创始团队比较知名，已经有了把携程网带到如家的经验，所以沈南鹏就成功地引入包括IDG、美国梧桐创投在内的境外资金，有效地缓解了连锁快速发展对现金流形成的巨大压力。

如家终于走上了高速发展期，几乎每年新开店的数量都翻倍增长。沈南鹏为如家铺好了道路，如家的高速增长可以说是顺理成章的。那么，除了换帅收到奇效以外，如家还有什么其他的方法，使自己成为行业老大呢？

2.如家核心价值观：精准的市场定位和IT支持

随着我国经济的发展，私人旅游开始变得非常发达，这些人对酒店的需求非常高，同时价格又不能太贵，还要干净舒适、位置方便，等等。这批消费者开始成为国内酒店的主要消费顾客。

国内酒店不愿意做上述这种经济型连锁酒店的问题在于亏损严重，住一晚上才200元，又有热水毛巾，环境又好，他们看不到利润点。然而沈南鹏看到了，他很清楚美国酒店业协会的统计显示，美国经济型酒店约有6万家，数量上占到88%，客房平均出租率70%，收入和资产比例则超过50%，每年创收以千亿美元计。

这充分说明了这一块市场大有利益可图。如家在注重质量、降低成本上有自己的一套方法。如家的大堂里面没有奢华的装饰，传统星级酒店里面的桑拿、KTV、电影院、酒吧等娱乐设施在如家统统看不到。至于餐厅，如家的各个分店情况不一，餐厅都非常小，而且只提供早餐，附近若是有饭店的话，那么连餐厅都省掉了。

如家非常看重酒店的周边环境，要挨着公共交通线路，还要有商场、停车场、洗衣店等，等于是最大限度地利用周边环境弥补酒店的设施不全。如家的重点服务在于客房，客房尽管不奢华，但是布置得舒适、简洁，以实用为主。比如，客房中一般不安装浴缸，改为实用、卫生的淋浴；床上用品只是一般的棉制品；空调采用分体式，冬天有了暖气就不用空调了。对于一次性消费则是能省则省，洗手间内也只提供一块小香皂供客人洗手；梳子每间房一把；沐浴用品是可添加的沐浴液，既节省了包装又不浪费原料；所有的牙具均无纸壳外包装，对于要住好几天的顾客并不天天更换牙刷。这样精打细算下来，每间房节省的成本也有1～2元。

如家的特色在于它拒绝豪华、拒绝奢侈，但这并不意味着它简陋或简单。如家是简洁、现代、统一的式样。质量适中的住宿和便捷的交通环境为如家创造了一个巨大的商业奇迹。在全国酒店平均入住率不足50％的时候，如家快捷酒店的入住率一直稳居90％以上，有的门店入住率甚至达到了100％。

　　在如家看来，在外出差的商务人士以及自助游旅客，他们比较忙碌，只是想寻找一个安全舒适的落脚点，所以如家就把所有的重点放在床和卫生间上，重点搞好这两块地方，而适当地舍弃掉其他地方，以节约成本。

　　如家的策略是"有所为有所不为"，那些经常光顾如家的商务人士喜欢用简约来形容如家：没有豪华的大堂，没有门童为你提行李、登记、取钥匙、去房间，一切都要你亲力亲为。但这样却能保证你能舒舒服服地洗个澡，有柔软宽大的床，可以无线上网。最重要的是，这一切只需要花费不到200块钱。

　　另外，如家又"有所作为"。为了营造家的温馨感觉，如家打破星级酒店和旅社床单、枕套都用白色的传统，改用碎花的，墙壁是暖色调的；如家还推出一个名为"书适如家"的活动，在60多个门店的客房里摆放图书，供顾客免费翻阅，也可以随时购买。这项服务让很多人对如家好感倍增，一位网友在自己的博客里写道："在这一点上，如家超过了任何一家四星级酒店。"

　　该花钱的地方决不吝啬，该砍下的成本也决不手软。这些措施都为如家降低了整体服务价格，提高了服务水平和效率。如家以中小企业商务人士、休闲及自助游客为市场对象，展开了精准的市场定位，把价格定在200元这个可以接受的范围内。

如家对消费定位把握非常精准，没有消费者说如家简陋，因为你只花了200元钱，难道还想有门童帮着拎行李？这种精准的定位使得如家在初期迅速发展开来，并在中后期逐渐"霸占"全国，成为连锁酒店业的龙头老大。

3.有个好领导，不如建个好规则

"有个好领导，不如建个好规则。"这是沈南鹏对孙坚的告诫。沈南鹏对孙坚的个人能力非常满意，孙坚做出的成绩大家也有目共睹。然而沈南鹏心中也明白，要把连锁酒店成规模地在全国做大，只靠孙坚一个人是不够的，换句话说，只有建立了一个完备的规则、系统之后，如家才会按照其轨迹自然地发展，无论换什么领导都无所谓了，那才是最有实力的如家。

孙坚也是明白人，沈南鹏的提点他一下子就懂了。孙坚需要一个真正大展拳脚的机会，而现在建立一套规则的工作就交给了他。其实孙坚在脑海里已经酝酿了，他对员工和各家分店如数家珍，曾经在一次管理大会上，他不看任何资料就把当场110位店长的名字以及管理哪个店都说了出来，仅仅漏掉一个，让在场的所有人都目瞪口呆。

孙坚心里盘算着为如家加入一套独特的系统，能够使公司上上下下5000名员工，每一个环节都不掉链子。如家需要推行一套全员绩效考评的管理系统，把店面员工的收入与该店的经营业绩直接挂钩，店长的收入与整个如家的经营业绩挂钩。还有个例子，在如家2006年的一次预算推进会上，一个部门因为增加项目，预算很紧张，孙坚告诉这个部门经理，他能理解他们的困难，但是出乎孙坚意料的是，该部门经理并没有借机要求增加成本预算，而是告诉孙坚"没有问题"。这让孙坚大为感动，他知道自己拥有一个好团队，他觉得这就是如家未来发展的原动力，他更加迫切地需要一个系统来为这个动力助推，再加一把劲。

在如家创立的几年中，130多家店长只有4人离开如家，不得不说这是相当稳定的团队，如家的核心管理团队，平均年龄在30岁到45岁之间，甚至很多出身于世界500强公司。孙坚强调："从酒店的角度来说我们需要专业人才，从连锁化产业的角度来说我们也需要专业化的人才，这种组合让我们能在中央支持服务系统上更加全球化或者市场化，在操作层面上更加专业化地运作。"

沈南鹏对此非常赞赏，拿出500万元人民币开发了自己的中央管理系统。由于新的管理系统在技术应用上的更新，改变了传统酒店运用人力对信息的整合，使得如家在酒店业有了一个非常好的信息化的平台，以及强大的综合分析和运用能力。

由于有了新的系统，沈南鹏每天一打开电脑，就能够看到前一天分布在全国的所有如家酒店的经营数据和客源结构。屏幕上还会显示每个月各店的成本情况，这对于沈南鹏做宏观掌控太有帮助了。而更令他惊喜的是，到目前为止，通过如家自己的网站和电话热线下的订单量已经大大超过了来自携程网等专业门户网站的订单。

沈南鹏非常满意孙坚的表现，当初选用孙坚的时候就受到挺多非议，沈南鹏也承受着不小的压力，沈南鹏只是说："我们每一个人都有不同的专长……当如家发展到一个高峰，需要从20家、30家扩张到200家的时候，我们就需要有一个懂得连锁经营的职业经理人来统领企业。"

孙坚没有辜负沈南鹏的期望，他把如家带到了一个新的高度，并为如家建立起一个完备而又井然有序的系统，使如家能够进行自我管理，拥有了强大的"软实力"。

4.再次上演"一夜4个亿万富翁"戏码

2006年10月26日，沈南鹏携如家再登纳斯达克，距上一次携程网上市还不到3年时间，沈南鹏就又打造出了一家上市公司。

2002年6月，如家连锁酒店正式成立，从新千年开始，中国的旅游业开始蓬勃发展，中国国内旅游总人次首次超过了全国总人口的60%，这也意味着经济型连锁酒店的发展潜力在不断地扩大。年底的时候如家只有5家酒店487间客房，销售额接近2000万元，全年客户只有13万人次。到2004年的时候，如家已经拥有35家店4072间客房，销售额高达1.15亿元，客户接近83万人次。

沈南鹏表示："如家发展到这个规模，我们不得不开始为它的未来做更大的谋划了，因为它已经不再是一家只在北京、上海拥有酒店的公司了，它已经成长为全国连锁的公司。"

此时沈南鹏跟竞争对手们展开了赛跑，国内经济型酒店的市场还未完全开拓，因此诞生了很多家要跟沈南鹏抢蛋糕的对手，纷纷砸钱建店，势必要在这一块市场上分得一份利益。如老牌经济连锁酒店锦江之星就计划在3~5年内发展200家连锁店，甚至要布局到东南亚地区——因为那里中国游客居多，而且特别适合小康家庭旅游，正契合经济型酒店的定位。

如家的发展速度也不慢，在这一场竞赛中，跑赢了的拿冠军，跑输了的不仅仅是输了，还要被淘汰出局。如家实行的是三步扩张战略，这三步走的顺序是城市——区域——全国，由一座大城市拓展到一片大区域，如北京扩展到华北，上海扩展到华东，还有围绕着广州、深圳的华南区，等等。

2005年，如家的第61家店开业。2006年，如家店面数量则涨到了131家，当年总收入已经达到2.49亿元，超越锦江之星连锁酒店，成为同类市场第一名。正如沈南鹏所说，如家已经在全国展开连锁模式，是时候要做一些事情了，沈南鹏要做的就是再登纳斯达克，让如家上市。

沈南鹏是这样解读如家上市的意义的："如果如家登陆纳斯达克，那将是一个非常有标志性意义的事件。目前来讲，国内的消费品类公司物美、国美、蒙牛等都是在香港上市，而如家作为第一家非互联网、非IT类的纯消费品公司，在纳斯达克上市的话，将会给以后的同类公司树立一个标杆，对如家来讲这将是一件非常有挑战性的工作。"

沈南鹏堪称纳斯达克的老主顾，不到3年的时间，他又带着一家公司回到纳斯达克，引起华尔街投资者们的一阵欢呼。这一次上市非常顺利，首日收盘价为22.50美元。按此计算，沈南鹏持有的如家股票市值高达5亿元人民币，其他的高管梁建章及其妻子、季琦三人的股票也都增加了数千万美元，一夜之间造就了4个亿万富翁。

投资者们表现出来的极大热情，远远超过3年前携程网上市的时候的，如家股票认购超过了40倍。沈南鹏虽然高兴，但依然十分冷静："我还记得如家拿到营业执照到现在是4年零5个月。我必须要说，这得益于中国经济的高速增长和经济酒店的巨大机会。自己一直认为做成一件事情需要很长的时间，谁知道只用了如此短的时间，不能不说有幸运的因素。"

如家上市令人激动，但是沈南鹏说自己不会像第一次上市那么激动了，他解释道："携程网登陆纳斯达克的时候，那一刻的确很激动，但当时我就想，从此之后我可能就不会再因为公司上市激动了。”

沈南鹏有些感慨地回忆了携程网上市的时候的感受后说："要说与携程网上市时感受上的最大不同，那就是我感到资本市场对'消费'概念的理解更为深入，因此如家的路演也比携程网缩短了两天，但效果反而更好。携程网上市时我们要说服消费者接受我们确实有一定的困难。"

在谈到如家为什么这么受投资者青睐时，沈南鹏笑着说道："如家身在一个高成长的行业，这是投资者最看重的，另外我想投资者还看中如家有一个高效的、强执行力的团队，我们有过成功，这也给了投资者信心，他们看重如家的创业家精神。"

如家此次上市融资1亿美元，如家计划4500万美元的IPO收益将用于扩大连锁酒店规模及改进酒店设施，750万美元用于偿还首都旅游国际酒店集团的债券，其余部分则投入公司运营资本。

面对狂欢的人们，沈南鹏一向保持着难得的冷静，他知道这一路走过来是有多不容易，外人看来无限风光，其实是多少个夜晚思考的成果，尤其是当年携程网还未完全稳健发展的时候就去做如家，在很多人看来都不可理喻，而今天所有人都说他能力超群。沈南鹏面对这些夸奖并不自喜，他对自己有清醒的判断。

3年内带着两家公司成功上市，身价过亿的沈南鹏已经铸就了一段辉煌，但是他的生活是什么样的呢？用别人的话来说就是沈南鹏太爱工作了。沈南鹏自己表示："所谓变化只是原来早上9点工作，下半夜1点多休息，现在是早上8点工作，下半夜2点多休息。"如家虽然上市，但依然是"路漫漫其修远兮"。

5.战略并购，成就如家王朝

在如家发展历程中，单单靠自己的扩张是不能满足市场需求的，所以沈南鹏为如家设计了并购计划。并购是一种效率较高、成本较低、风险较低的扩张方式，并购的好处有很多，一方面可以大幅度地降低企业发展的风险和成本，另一方面也可以充分利用原有企业的资产和销售渠道优势，而且可以获得原有企业的技术和管理经验，在成本上具有一定的竞争优势。

并购式成长是借由资本的强大推力，将自己的商业模式快速复制，以规模和量的快速扩张获得成长性。通过并购重组，可以促进存量资产合理流动，优化资源配置，转变增长方式，增强发展后劲，提升竞争能力。

如家自从上市以后几乎每年都有震惊业内的并购案例，而最大的一次就是并购莫泰168酒店。2011年，如家在上海宣布以4.7亿美元收购莫泰168酒店100%的股权，以此计算每间客房价格为7.3万元人民币。收购莫泰168之后，如家与排名第二的7天连锁的差距扩大至499家和7.9万间，市场份额也达到25%。

如家并购莫泰168之前在长江三角洲地区没有优势，酒店数量远低于汉庭，而上海地区则是莫泰168以106家酒店居首，如家只列第四位，而在并购莫泰168之后，如家在上海以及长江三角洲地区的酒店数量跃居第一位，此举真正奠定了如家的江湖地位。

不过，如家收购莫泰168并没有获得巨大利益，因为莫泰168拥有100多家加盟店，这些加盟店给如家带来的不仅仅是经济收益，更是一个不稳定的"炸弹"。如家在收购莫泰168酒店后，业界普遍形容其为如家的"包袱"。如家酒店认为如家与莫泰168为两种不同风格的酒店，并购后也依然沿用莫泰168品牌，并未对酒店进行风格上的改造，甚至连会员积分都尚未整合。但是，这两个品牌的酒店也仅仅是在风格上存在差异，在档次上并无不同。

而且，在很多城市里的如家和莫泰168酒店，一间房间的价格差不多，只有几十块的差价，所以如何整合莫泰168、如何做好双品牌战略，让如家和莫泰168保持差异化是考验如家的一道难题。如家收购莫泰168的负面冲击是必然的，但是总的来说收购莫泰168给如家带来的利好是大于弊端的，至少短期扩大了规模，迅速占据了更大的市场份额。

除了莫泰168，2012年，如家宣布以5980万人民币收购地区品牌e家快捷。作为一个地方品牌，e家快捷运营13家直营酒店，共计1284间客房，其中9家酒店位于安徽省省会合肥市。在收购e家快捷之前，如家在安徽拥有18家酒店，莫泰168在安徽拥有14家酒店。

业界普遍认为，如今的三四线城市呈现出越来越多的消费潜力，而且成本也很低，大城市里发展空间变小的经济型酒店，在三四线城市里仍可以大有作为。不过，并购本身并不会产生价值，重要的是能够整合，只有将并购过来的企业重新整合起来，才能够发挥作用。

如家为莫泰168进行了人事改革，给莫泰168带来了更有如家风格的管理层，为了提升莫泰168品牌的定位，让它能名副其实地成为中流砥柱，如家自收购莫泰168以来，花了大价钱请来德国设计师打造新莫泰168，设计稿修改了三四遍才最终敲定。新莫泰168的风格更加简约清新，改变了过去过于繁复花哨的问题。

如家通过不断地并购，确立了在国内经济型酒店的领导地位，如家真正做得好的地方在于对并购后酒店的整合，既能使其融入如家体系，同时又保持差异化，使其在市场中保持竞争力。

6.高峰过后，稳步求发展

如家自诞生以来一直保持着高速增长，不过2013年后，整个经济型酒店市场已经趋于饱和，在很多大城市，甚至会看到一条街上就有着好几家经济型酒店，如家、速8、7天、99连锁酒店等等。

2014年，帐篷客酒店获得华住集团数千万元的战略投资，随后如家集团也跟进投资数千万元。这是同为上市公司的两家酒店首次联手投资一家公司。

如家投资帐篷客的第一个原因是连锁式商务酒店的饱和竞争压力逐渐加大，个性化定制的野奢酒店逐渐成为休闲度假旅游住宿的一种趋势。帐篷客定位于野外奢侈度假，以风情度假为特色，这一领域近年来极受消费者欢迎。如今我国外出自驾游的消费者越来越多，这一部分人去度假不会住200块的经济酒店，而五星级大酒店又不能住太久，更何况一些风景优美的旅游区没办法建五星级酒店，所以帐篷客这种模式就兴起了。

如家集团旗下的如家酒店、和颐酒店、莫泰酒店、云上四季酒店都属于商务类型的酒店，非常缺乏专业旅游酒店，尤其是如今越来越热的自助游酒店，所以如家的投资有未雨绸缪之意。对于沈南鹏来说，他不能眼睁睁地看着一大块市场被别人占据，而再建立一个休闲度假酒店的子品牌太过费时费力费钱，直接投资是最有效率的。

如家CEO孙坚说："未来经济型酒店行业的发展需要更多元化、多维度的创新思考与发展。2015年对经济型酒店而言是稳中有升、谨慎发展的一年。"孙坚认为经济型连锁酒店已经高速发展了很久，几千家门店让这个市场趋于饱和。孙坚觉得2013年前的发展重点是开店，那么以后的发展路线应该是在服务体验、内部效率上。

如家的处境，按孙坚自己的话来说："既要安内，又要把握住外面的东西，外面的变化太多了。"有媒体调查显示，早在2011年6月，中国经济型酒店门店数量就已经增至5870家，如家、7天、汉庭等一线经济型酒店品牌的市场份额也从2009年的23%增长到40%。这样的数据表明了在中国经济型酒店这一领域已经真正展开了残酷的"厮杀"。

沈南鹏把经济型酒店这个概念彻底点燃，引出了一大批经济型酒店的诞生，并且纷纷在全国跑马圈地，因为相比高端酒店，经济型酒店的投入成本相对较低，比如建一家五星级酒店动辄需要数亿元，而一家经济型酒店可能只需数百万元至1000万元，而且这种经济型酒店的投资回报非常快，稍有现金流就能够做起来。

不过随着国内房价物价上涨，其他的物业成本也跟着上升，开一间门店的成本变得非常高，经济型酒店又在全国遍地开花，在很多城市的重要位置"一址难求"，花重金开门店回报收效低，并且如今经济型酒店太多，整体入住率下降。一面成本高，一面入住率低，同时竞争对手又多，这就是如家面临的形势。

在这种背景下，如家开始寻求建立新模式，要在未来的市场竞争中打赢战争。孙坚认为："今后的扩张不会是简单的自己一家一家去开店，而是要有合作伙伴。传统意义上的加盟当然可以，比如我们今年拟新开约450家酒店，其中85%为加盟店，但我们还有自己的新模式——'家盟'平台，我们要用这个新平台聚集市场上闲散的中小型酒店以整合资源，我们有约2500家酒店的完整工程、预订、人员培训、产品展示等能力，而众多闲散中小型酒店则缺乏这些能力，可是中小酒店有自己的特色，这是如家缺乏的，如家和这些中小酒店可通过'家盟'平台来共同发展。"

如家甚至还会跟打车软件、餐饮集团、商场等合作，以提高顾客体验和改善支付方式为革新方法把旅客拉回来。如家未来的道路不会太平坦，但是如家已经做好了充分的准备，并且已经积极试水新模式、新领域，相信如家在未来的市场竞争中会取得不错的成绩。

7.中概股加速回归，如家或在A股重生

2015年6月，首旅酒店对外发布公告，公司及其关联方PolyVictory投资公司、携程网、如家联合创始人及董事会联合主席沈南鹏、携程网董事会主席及首席执行官梁建章、如家首席执行官孙坚共同组成买方集体，向如家提交了非具约束力的私有化提议函，拟以每股美国存托股份（即两股普通股）32.81美元的价格收购买方集团持有股份以外的如家已发行全部流通股。

孙坚表示："在当前的国际国内商业环境下，这应该是如家酒店集团战略转型发展的良好契机。"退市分为主动性退市和被动性退市，如家是主动性退市，在纳斯达克退市只是第一步，沈南鹏作为顶尖投资家，他有自己的考虑。

如家此举是在进行私有化回归国内资本，2015年开年以来已有包括完美世界、中国手游、世纪佳缘、易居中国、淘米、久邦数码、盛大游戏、学大教育等在内11家中概股宣布收到私有化邀约，并计划从美国退市，总涉及交易金额达134亿美元。目前国内市场一

片大好，而如家在纳斯达克的股票有些被低估，美国投资者对远在中国的连锁酒店不是很熟悉，并不能充分发挥如家的价值。所以返回国内A股上市是十分正确的选择。

以如家的竞争对手7天连锁酒店为例，7天仅仅在美国上市3年多的时间，其股价多次跌穿发行价11美元，甚至在停牌前该公司股价也只有10.56美元。而回归后的7天却得到了飞速发展，还成立了铂涛酒店集团，提出创业孵化器概念，并引入了多个中高端酒店品牌。而在2015年5月22日，铂涛集团还参与了携程网联手腾讯对艺龙的收购案，成为首个逆向收购OTA的酒店。这一切都是在7天私有化后得以完成的。

提出如家私有化邀约的买方集团包括原大股东首旅酒店集团、首旅集团子公司宝利投资、携程网、董事会联合主席沈南鹏、如家携程网董事会主席及首席执行官梁建章，以及如家首席执行官孙坚。

2014年如家的全年总收入为66.8亿元，尽管较2013年有所增长，但是全年度的入住率却下降了，甚至由于行业低迷而出现亏损情况。如家建立了一个由3名独立无利害关系的董事组成的特别委员会，并计划聘请相关法律和金融顾问来帮助评估此次交易。

对于此次私有化计划，有位如家负责人认为价值低估是主要原因。"美国市场当地资本对中国品牌的认识不够，因为产品主要在中国，所以尽管如家这两年无论是在经营策略还是市场战略都做了很多转变，但很难被当地投资者关注到。"这位如家的负责人表示，如今中国本土酒店品牌都在积极地打造新产品、新品牌，乃至于改组公司内部等，反倒是老牌的国际性酒店集团还停留在传统服务行业工作上，而国外的投资者往往没有看到这一点，这实际上影响了老牌酒店在国际上的影响力。

退市对于如家来说好处多多，没有了上市公司对于财务数字以及股东回报等诸多束缚，"或许可以迈出更大的步伐"。不过，如家回归后，是选择A股还是保持私有化，还不得而知。如家这次收购并私有化意向需要一段时间来完成，不过可以预见的是如家将会迎来第二次蓬勃发展期。

第九章　从携程网到如家的成功战略

1.创业有风险，准备要万全

沈南鹏说："创业是具有高风险的事情，作为一名创业者应该做好全面准备。美国的绝大多数成功创业者都经过了比较充分的准备阶段。"

早期的携程网亏损严重，拿不到融资，沈南鹏为了融资整夜都不睡觉，他在考虑第一笔融资的时候就已经在想第二轮融资了，因为第一轮融资只够几个月的开销而已，融不到更多的钱携程网就要关门。

所幸沈南鹏的努力换来了融资，又吸引了软银集团的450万美元的次轮融资，以及美国凯雷集团1100万美元的第三轮融资。挣脱了融资困境的携程网正准备起航，却遭遇了互联网寒冬。整个互联网行业乌云密布，全球至少有500家互联网公司关门，携程网的日子也不好过，谁也不知道这场寒冬会持续多久，也不知道携程网还能坚持多久，即便是坚持过去还有什么出路。

沈南鹏做的准备就是在寒冬里修炼，趁着业务量减少，他开始在携程网实行六西格玛管理，对每一位携程网主管进行六西格玛培训、考核，对携程网进行重新定位。与此同时依旧去寻求风险投资，拼尽全力挽救携程网。

携程网终于安然渡过2001年互联网寒冬期，开始实现盈利，也就是在这一年，携程旅行网的第100万个预订客户产生，沈南鹏已经开始为携程网上市做准备了。然而，2003年"非典"却不期而至，这是所有人都想不到的，更不可能有所准备，但是沈南鹏依然成功带领携程网渡过了这次危机。

"非典"中，尽管携程网也开始出现亏损，但并没有裁员，而是对员工进行封闭式培训，等到"非典"被消灭，携程网的员工都以更加专业的姿态出现，沈南鹏也没有停下筹备上市的工作，他每天都要工作十六七个小时，最终携程网在纳斯达克成功敲钟，沈南鹏说："这一切都要求你有不屈不挠的决心才能坚持。"

沈南鹏还认为："创业即使走对了方向，即使有一个好的团队，也未必一定成功。"有些企业即便没有倒闭，但也从来没有真正达到一定规模和市场份额，而且这样的例子在创业领域比比皆是。

沈南鹏比较认可的是投资界的一个"51比49法则"，他表示，从投资的角度来看一个企业值不值得投资，是没有任何人能够确定的，但是如果投资者在决策时有51%的感觉或意见认为应该投资，而有49%的相反判断，这个差别不大的比例就能促成投资方做出投资决策。而那些被"枪毙"的商业计划书真的一文不值吗？沈南鹏说："只是这些企业在投资方那里得到的是遗憾的'49比51'的判断。""51比49法则"充分说明了创业者获得风险投资的难度和偶然性，对于投资者来说投与不投往往只在一念之间。

沈南鹏认为，从风险投资人的角度来看，一个企业能否成功尚且如此不确定，创业者就更应该做好可能失败的准备。沈南鹏说，尽管做了充分准备，商业模型也是正确的，但由于市场、竞争等多种因素的存在，创业还是有可能失败。的确，很多人看到的都是成功创业者的光鲜亮丽，却看不到那些默默无闻的失败。沈南鹏有意提醒，一定要对创业失败做好充分准备，他说，创业者还要为自己从事的新行业做好技术准备，在制作商业计划书和组建团队的时候要把创业所需要的各种要素充分考虑进去。

除了做好创业失败的准备外，创业者还必须"善变"，要始终以一种变化的心态去面对市场的变化。"即便今天去看我自己在2002年写的如家商业计划书，也会发现彼时的想法和今天的实际情况有很大差别，当时的创业计划绝对不会预料到企业今天所面临的实际发展状况。"沈南鹏接受采访时如是说。

最后，沈南鹏强调："作为一名好的创业CEO，他需要具备的素质就是根据市场反馈的信息来不断修正自己的商业计划，改变自己的策略和方向，尤其在公司早期，这更是不可避免的。如果创业者是一个一成不变的人，那么他的创业很难成功。"

经验的积累对于创业很有帮助。但是具备创业的精神、做好对创业困难的估计、进行具体的创业准备，这些都需要跨越一定的时间进行积累。这也就是为什么沈南鹏说"创业是具有高风险的事情，要做好全面准备"，只有在万事俱备的前提下，才能够创业成功，才能够让企业越走越远。

2.创业，从最简单的做起

身为"海龟精英"，沈南鹏却总以"土鳖"的方式思维：创业就像小时候做数学题一样，应当从最简单的入手。每一个孩子都要从"1+1=2"学起，不可能开始时就让孩子做微积分的解答。但是很多人在创业的时候忽略了的问题，觉得我是一个哈佛、耶鲁毕业的高才生，"怎么可能做这么简单的公司，不行，我要做最好的"！

用一个比喻来说：给你一辆汽车的设计图纸，你会造吗？正确的做法是应该从学习汽车开始，了解汽车的构造、组成，并尝试着制造简单的零部件，如倒车镜、汽车尾灯等，逐渐发展到能做一整辆车。这才是一个创业的过程，不能本末倒置、好高骛远。

沈南鹏举了一个简单的例子：是先从酒店订房开始，这是携程网的"初级版本"。相对订票，订房是更为简单直接的切入点。只要顾客在网上拿到订房号，自己带着行李入住即可。所以第一年携程网集中全力打通酒店订房环节。这种"帮人订房"的"简单工作"，或许是很多海归所不屑的。但是，"不要忘了，你是在中国，要服务的是中国大众"。

携程网一开始就是酒店订房，这比预订机票更为简单、更为直接。在创业一年间，携程网集中全力打通酒店订房的各个环节。人们普遍认为，这种简单的事情让"海龟"来做有点小题大做，但就是靠着这种简单的方式，沈南鹏成就了携程网的伟业。

携程网的定位是互联网服务公司，那它早期到底是怎么运作的呢？其实很简单，就是跟酒店、机场合作，把他们的价位信息、地理信息挂在携程网上，然后携程网有呼叫中心台，消费者拨打这个电话就可以订票。"帮人订房订票"，这是最简单又最接中国地气的业务，国内的人没意识到，海归们又不屑于做，对沈南鹏好好的投行不做跑回中国帮人订票有些不理解。做网站哪怕做一个门户网站、新闻网站这种潮流网站也好，竟然去做这种小事。

就是个订票网站，在如今看来这根本没有什么技术含量，但正是这种简单的模式让携程网在早期迅速成长。初期，沈南鹏秉承订房订票的理念，便收购了国内最大的传统电话订房中心——北京现代运通公司，这次的收购意义在于扩大了携程网的优势，使其订房业务水平居于全国顶尖，于是也就越来越受顾客欢迎。同时，携程网还推出了"预留房"服务网，保证了在旅游旺季，只要打电话给携程网就能够住到酒店的预留房，使携程网的竞争力再进一步扩大。逐渐地，携程网把业务发展到了酒店预订、机票预订、旅游服务三大板块。

沈南鹏的步骤是先做订票中心，发展成为旅游服务网站，延伸到旅游的各个市场，然后再做经济型连锁酒店，有了携程网做基础，如家才能发展得那么快。沈南鹏创业的这条路线清晰可见，他的聪明之处在于不好高骛远，不会觉得自己耶鲁毕业，有投行经验很了不起，就一定要做大公司，而是找准优势，从最简单的开始入手。

携程网不光是模式简单，连网站的版面设计也很简单，沈南鹏对此解释道："这就是我们当初所追求的，携程网的定位就是给顾客订票、订房，实现简单的自助游。"沈南鹏的模式是简单而不简陋，他在细节把控上要远超很多创业者。沈南鹏坦言："上市公司的股价你无法控制，但是你可以不断地把公司的核心竞争力加强再加强。是金子总会发光，给核心竞争力加分的秘诀都取决于细节。"

类似的例子还有很多，如当年阿里巴巴刚创建时，马云本身并不是很懂电脑，他让技术人员设计网站后先让他用，因为马云不懂电脑所以会对复杂的设计提出意见，等到他这个不懂电脑的人一下子就能用明白了，那页面也就做得非常简洁了。

沈南鹏说，我们永远都记得自己在做什么，携程网本身是一个旅游服务企业，互联网只是载体。所谓思路决定出路，谁都想做轰轰烈烈的事，形式上看着简单，其实内容上并不简单，这就是沈南鹏的思维。

消费资讯网阿凡提的CEO余吉贤就曾谈过："一家网站，无论是什么类型，如果没有一个清晰的思路就会很容易陷入大而全的误区，因为它不知道自己该做什么、能做什么，所以才会什么都做。其实真正的大而全是永远都无法做到很好的，这好比10根手指头伸出去就不如攒成拳头打出去威力大。"

很多人都认为盈利好像是一件很复杂的事情，其实不是这样的，早期的百度、谷歌就是卖广告，盛大网络游戏就是卖点卡和装备，亚马逊就是卖书，新网和万网就是卖空间和域名。后期发展业务那就另说了，早期几乎多数企业都把盈利模式控制得极为简单。因为盈利模式简单了，环节就少了，出错的概率也就小了，对于用户来说，用起来简单才会更喜欢用。

如今我们看到，当年的门户网站经过一番厮杀，剩下的只有网易、搜狐、新浪等几家了，而旅游服务网站依然是携程网一家独大。沈南鹏创办如家的时候依然秉承"简单"的理念，如家的理念简单，就是让顾客低消费高享受；如家的装修简单，去掉浮华，舒适为上；如家的目标简单，以服务质量赢得市场。最后如家成功了。

"贪大求快"是很多创业者的通病，商业计划书上有宏伟的目标，却没有起步的细节，殊不知最简单的往往是最能脱颖而出的，因为这是一块广阔的市场，能够让初期的创业者在资金、人力稀缺的时候，用最省力的办法赢得最多的消费者，进而一步一步地把企业发展壮大。

创业有时候真的非常简单，若要老想着特别复杂的创业，一定要如何如何的话，那么多半会被自己的这种想法拖累。沈南鹏最初为携程网的定位就是订票，甘愿给酒店打工，当他赢得融资、开始盈利，酒店开始求着沈南鹏了。把简单做好就是一种成功，没有一家企业刚诞生就拥有十几项业务，都是从最简单的业务开始的。

3.明智，从来不当CEO

纵观沈南鹏两次创业的经历，会发现他是两次创业的最大推动者和布局者，但是他并不是我们所熟知的CEO，不是"首席执行官"。沈南鹏从小学习数学，后来又在投资银行做事，他最擅长的是战略布局，他深知自己的优势与劣势，他的原则是没有优势的事情自己不去做。

就连他创办携程网的时候，也不是头脑一热就辞职了，他思考了许多，因为那意味着要抛弃德意志银行的中国资本市场主管的职位。沈南鹏说："除了要实现个人理想外，最重要的还是觉得创业的风险可以控制——如果还想回美国，要在投资银行中找到工作，随时还是可以回去的。"这说明沈南鹏创业前就已经想好了利弊以及退路，这和很多人孤注一掷的创业是不一样的。

沈南鹏曾经打了一个比方："假如手里有100块钱做投资肯定只投20块，决不会冒险孤注一掷。"在创业之初，沈南鹏意识到自己理性有余、激情不足，也没有真正运营企业的经验，他就找来了梁建章、季琦和范敏。梁建章年少时曾经用计算机程序写了一首诗，跟沈南鹏同获全国计算机竞赛大奖；季琦则创立和管理过多家高科技公司，实际运作经验充足；范敏则曾经是上海市旅行社经理，他对旅游行业了如指掌。

在这个优势互补的团队里，沈南鹏并没有选择做CEO，尽管他在创办携程网的时候作为个人投资者持股比例最多。在很多创业公司里面，持股最多的创业者一般都担任风光十足的CEO职位，但是沈南鹏十分清楚自己不适合做这种主管具体运营的CEO，所以他选择了做总裁兼CFO，负责公司的决策、融资、收购、兼并、上市等资本运作事务——这是沈南鹏最擅长也最喜欢的业务。

梁建章当时任携程网CEO，梁建章对沈南鹏很放心，他说："携程网的融资完全由他做，我基本上不用操心，因此与一般的CEO相比来说，我在这方面要轻松得多。"

正是专注于自己的专长领域，沈南鹏可以更深层次地研究资本运作和创业，为携程网的钱找到更好的花法。例如，他可以从携程网的业务中发现一些市场机会，并结合自己的感觉进行理性分析。沈南鹏创业为什么从来不当CEO就很好解答了，因为他从来都是做自己最擅长的事情。

有这样一个木桶理论："一只木桶装水的多少，并不取决于最高的那块木板，而是取决于最低的那块木板。"也就是说木桶装多少水不是取决于木桶最高的板，而是取决于最低的板。但是沈南鹏还有一个相反的观点，他提出"创业者要有反木桶思维"，他表示："把强项做得更强，只要在某一点上做到极致就可以成功，要求创业公司每一方面都是强项，很可能扼杀了它的成长。对于创业者来说也是如此，要懂得扬长避短。"

沈南鹏创业就做自己最擅长的，而携程网也不断地根据最擅长的业务展开发展，携程网要做的就是服务，携程网靠的是提供预订服务，沈南鹏认真策划了销售模式，首先分析携程网的主要客户和相关客户，仔细思考这些客户的共同需求，其次策划出携程网最具竞争力的服务。

沈南鹏喜欢这样掌控公司，他是"运筹帷幄之中，决胜千里之外"的人，他只做自己最有把握的事情，或许这才是他在几年之间就打造出两家上市公司的原因。

4.像制造业一样生产服务

携程网创业之初就确立了以服务为主体的商业模式，但是服务公司各有千秋，究竟什么样的服务模式才是适合携程网的呢？

在商界有一条著名的二八定律，也就是提高服务质量能帮助企业占有80%的市场份额，从而进入20%的优秀企业之列。还有，一个企业80%的利润来源于20%的销售机会。这样的理论充分说明了，服务对于一个企业的提升是非常巨大的，良好的服务能够使企业赢得广大消费者的青睐，同时也会赢得更多跟大客户合作的机会。

先来看两组数据。第一组：据调查显示，80%的企业产品销售额来自于不超过20%的忠诚消费者，而有60%的新顾客来自于现有顾客的推荐。第二组：吸引新消费者的成本大约为保持老顾客的3~5倍，但是研究表明——一个忠诚的顾客可能为企业带来8单潜在的生意，更有甚者，一个顾客的不满意，很可能影响他身边30个人的购买意愿。

所以说服务对于很多企业来说是"生死关键"，优质的服务可以留住老客户，由口碑去吸引新客户；反之，劣质的服务不仅会造成现有客户的流失，还会使有意愿的客户望而却步。

沈南鹏明白，无论是携程网还是如家，它们真正的竞争力就在于服务。只有提供优质的服务才能够吸引到消费者，他始终相信："经营实体公司和进行风险投资面临的境况都是一样的，都在于你提供的服务和产品是不是真的有事实上的竞争力。"

谁都知道做服务的重要性，但是怎么做服务、做什么样的服务就不是人所共知的了。在商界还有一个著名的"漏桶效应"：一个企业，要保住原有的营业额，就必须不断地注入新顾客来补充流失的顾客。而开发一个新客户的成本是非常高的，这类问题不解决，携程网是不会发展起来的。

服务质量参差不齐是沈南鹏最担心的。比如庞大的呼叫中心有人态度好，有人态度差；不同的如家门店有的服务周到，有的却怠慢旅客。这对携程网和如家的打击是致命的。换句话说，你做得好或许没有人赞扬，但是一旦做得差一点儿，负面的口碑就传出去了。

所以沈南鹏要完美地解决这样的问题才行，他所做的第一个举措就是引入六西格玛，通过引入高标准的服务体系，来提高携程网的服务质量，同时做到"批量生产"服务，把服务规范化、制造化。沈南鹏提出的口号就是"像制造业一样生产服务"。具体来讲就是要求员工把服务当产品看待，并统计次品率。沈南鹏希望携程网和如家内部能像制造业那样把服务流程分割为若干环节，从服务态度、回复速度等着手，全面提高服务水平。事实上这种办法非常好用，当用户满意度维持在很高的水平线上时，好口碑就流传开来。

沈南鹏说："携程网曾全力以赴只做一件事情，像制造业一样生产服务，尽管服务是感性的东西，但是感性的服务可以用理性的指标量化。制造业用流程分工和集中管理的方式处理生产中的细微环节，而携程网也可以从自己的服务态度、反应速度、准确率等方面量化自己的服务产品。"

沈南鹏并没有把携程网仅仅当作一家网站，他认为这是一家顶尖的旅行服务公司，依靠的是服务品质。携程网CEO梁建章曾经对携程网的服务模式做过简要讲解：携程网的服务一种是线下电话预订，一种是线上网络预订。用户拨通携程网卡上的客服电话，报上卡号，携程网呼叫中心客服人员便会立即响应，记录下用户的个人资料，这是携程网要做的第一步。然后，客服人员会迅速确定用户的需求，通过即时监控国内外所有会员酒店的"房态管理系统"，查找符合用户需求的酒店并自动下单，随后用户便可以直接去酒店入住，事后携程网则只需跟酒店直接分成。

在日后创办如家时，这种观念更加发扬光大，如家连锁酒店的模式非常适合"像制造业一样生产服务"的理念，所以我们才会看到全国的如家酒店服务水平都保持着较高的水准。

沈南鹏通过打造出标准化的服务质量，为携程网和如家"开路"，为二者迅速地拓展市场提供了至关重要的帮助。

5.看重资本更要会用资本

沈南鹏说："资本，市场的核心要素；市场，资本的大舞台，二者缺一不可。"20世纪80年代，中国实行改革开放后，中国的经济一跃而起，引入了大量的国外资本和国外先进技术。但是当时国内企业存在的观念是技术决定一切，这种观念并不是完全正确的。技术固然重要，但资本是更加重要的，而且随着经济的不断发展，资本所占比重也越来越多。

资本是一个大概念，具体可划分为资金资本、人力资本等，甚至包括劳动技术和先进的机器设备。对于众多小微创业公司来说，流动资金的多少决定了能够行走多远，一般来说，很少有小企业只用20万元就发展起来的，在新闻上看到某某公司靠着几十万起家那是他们的注册资金，在公司成立之后势必要引入风投。

只要有充足的资本，工程师和经理都是可以从外面雇佣的，市场也可以开拓，再先进的技术也可以引进。但是如果没有资本，那就是巧妇难为无米之炊，所以说，资本是非常重要的，甚至起着决定性的作用。因此说，这是一个资本说话的年代，谁拥有了资本、掌握了资本，谁就说了算，发言权就大。

在新经济的发展中，资本居于支配地位，任何一家企业都离不开资本，尤其是网络公司，如雅虎、ebay、谷歌等公司，全都是靠着风险投资起家的，资本之所以看重雅虎、ebay、谷歌，是因为它们能赚钱、能赚大钱，也就是投入少、产出大。

当年杨致远和费罗创办雅虎的时候，雅虎上下就他们两个人，但是1995年红杉资本就投资200万美元给雅虎，紧跟着雅虎作为第一家互联网公司上市，在1999年雅虎公司的市值就高达390亿美元。

我们都知道互联网行业是非常烧钱的，仅仅靠创始人的投入是不可能坚持下去的。虽然刚开始创办时，公司需要的资金比较少，但是随着业务的发展，对硬件的要求会越来越高，因此对初始阶段的创业企业，风险投资一般不会投钱或者投得很少，只在业务颇有起色的时候才会投得更多。

携程网不一样，这种旅游电子商务模式的公司，在早期就需要巨额投入。首先，要和全国上千家酒店签合作协议，如果签约酒店少或者分布地域太窄，在顾客眼里这个品牌就没有价值。其次，要动用各种方式把网站推广出去，要让旅客去主动体验这种便捷的出行安排方法。再次，每天要能够处理上万个客户的订房、订票电话。如果旅客太少，分到上千家酒店中的某一家就少得可怜，酒店也就没有了兴趣。

更重要的是，随着业务的展开，会员人数很快就会超过10万级别，如果没有强大的后台系统支持，网站肯定是要崩溃的。总之，携程网的模式是充分贴近社会实际需求的，但是也给创业团队造成了非常巨大的压力。

幸运的是，携程网拥有一个在海外历练多年的融资高手沈南鹏，他为携程网赢得海外资本的青睐，最终成就了携程网的辉煌。

关于携程网总是能够在需要钱的时候找到钱，沈南鹏是这样解释的："首先，携程网的业务模式虽然属于代表新经济的IT产业，却不是在网络上飞、在电话里飘的没有明确盈利模式的空洞概念。

携程网充分利用电话呼叫中心、互联网等先进技术，通过与酒店、民航互补式合作，把自己与中国高速增长的商旅市场紧紧地绑定在一起。还有最优秀的团队，这是我们成功的关键。"

第十章 沈南鹏和他的创业团队

1.季琦——三次敲响纳斯达克钟声的创业狂人

季琦，出生在江苏南通一个贫苦的农民家庭。季琦家里几代务农，所以家里人甚至觉得季琦能够初中毕业就心满意足了。季琦原本对自己的未来也没有太多想法，直到初中发生了一件改变他一生的事。

季琦每天都要走一个多小时的路上学。那天中午风雪交加，季琦中午放学后走了一个多小时的路回家吃饭，而妈妈却含着眼泪告诉他今天中午的饭不够吃，忘记给他留饭了。季琦又饿着肚子走了一个多小时回到学校，眼泪止不住地流，但是他在心里发誓：一定要好好读书，改变自己和家人的命运。

苍天不负苦心人，季琦勤奋学习终于考上了上海交通大学，懵懂的季琦连填志愿确定专业时都不知道填什么，听了班主任的建议报了工程力学系。

季琦坐着渡轮到了上海，下了码头之后，惊呆了，他没见过如此多的高楼大厦，这让他有些晕头转向。季琦提着3个大箱子，在繁华的街道上分不清东南西北，据他后来回忆，街边的店铺上播放着齐秦的歌——《北方的狼》：我是一匹来自北方的狼……

进入上海交大后，季琦艰难地适应着上海的生活，跟同学一起去澡堂的时候，他问："是自己一个人洗澡，还是大家一起洗？"同学答道："大家在一起洗，老师也在里面。"季琦很不适应。

生活上季琦在逐渐适应，学习上季琦可是如鱼得水，大学四年，季琦基本上每天都泡在图书馆，读哲学、读历史、读传记。大学带给他的收获不是专业知识，而是让他想通了一个问题：个体对于历史来说是非常短暂的，有的人一生平淡无奇，有的人一生波澜壮阔。生命的长度没办法增加，但是可以拓展自己生命的宽度。

所以大学四年里，季琦的知识突飞猛进，头脑也开始变得更加活跃。1989年，季琦从上海交通大学毕业，季琦的专业在当时的社会应用面不广，在上海找了很久都没能找到合适的工作，只好回了老家南通，在南通又四处求人，南通第二设计院才答应接收季琦。

即将去上班的季琦看着老家夜里的天空睡不着觉，他突然意识到自己在上海上了四年大学，好不容易从农村去了上海，怎么能再回农村呢？一番斟酌之后，季琦告诉家里不去上班了，他要回上海读研究生，报考了上海交通大学机械工程系机器人专业研究生并顺利获录取。

1992年，邓小平南巡讲话，吹动了资本市场的波澜。也许是受到上海的商业氛围的熏染，季琦已不再是农家青年，他开始琢磨赚钱的问题了。还在读研究生的季琦就跟同学开办了一家电脑公司，在当时算是特别新潮的公司。因为季琦学的机器人专业，所以很早就接触计算机了，当年的计算机可是贵重物品，一台电脑甚至能赚上万块钱。

不过，说是开公司，其实就是在一块儿组装电脑卖钱。这个电脑"公司"盈利情况倒是非常好，几个月后季琦就攒了几万块钱，在上海交大成了"有钱人"。研究生要毕业时，系主任找到季琦，表示希望季琦能够留在上海交大，因为季琦成绩好、脑子灵活，这些优点都被大家看在眼里。

季琦眼睛却看着系主任的办公桌，上面有文件，有各种颜色的墨水，最终拒绝了。因为他看着这张办公桌就能想到自己，一方面自己不想过平淡安稳的生活，另一方面他知道熬到系主任这个位置要很多年，他心里明白这种生活不是自己内心想要的。

当时正值日化巨头宝洁公司到上海招人，月薪3000块，在那个年代这是非常多的。季琦自然也去报名了，季琦的能力还很不错，经受住了一轮又一轮的淘汰，最终成为四个候选人之一。

但遗憾的是，季琦要进宝洁的话就得把户口迁到广东南海，所以季琦在宝洁的工作和上海户口之间选择了后者，他放弃了宝洁的工作计划，转头在上海找工作。季琦找到了一家计算机服务公司，这家公司有长江计算机的背景，结果看到破破烂烂的办公室，季琦就觉得自己可能会不爽，他就没想好好干，只想着把户口问题解决后立刻走人。

上班第一天，季琦就特别牛地拿了个大哥大，因为季琦在学校卖电脑赚了不少钱。季琦说话也不客气："老板，我在这里干不长的，公司的这点工资对我来说，实在算不了什么。不过，没关系，咱们先交个朋友，现在提前打声招呼，我在这里混两天就走人了。"

姓胡的老板笑了，倒也没生气，只是告诉季琦要"先做人再做事"，季琦也没怎么在意，可是没想到自己却在这家公司工作了两年半时间。因为季琦在步入工作之后真的发现自己太幼稚了，还有很多东西不会，而且这家计算机公司给了季琦很大的发展空间。当时长江计算机公司进行改革，要求所有下属公司全部自负盈亏，就有很多人离开了。季琦就被任命为项目经理，实际上就是个"光杆司令"，季琦也知道公司在这种情况下，一定要做出成绩来才有救。

季琦想到上海证券市场开始红火，外地证券公司来了之后就得买电脑和布网，这就是商机，但是季琦必须拿下上海证券交易所这个大客户。

黄浦路19号，一座欧洲风格的大楼里，来了一个年轻人，眼神充满自信。谁也没想到季琦居然能够拿下上海证券交易所，成功地开拓市场，季琦的能力可见一斑。自此，公司有了大笔的订单，季琦也越来越受到重视。

季琦看到职位空间已经变得很小了，就决定离开。尽管胡老板千方百计挽留，季琦却表示妻子在美国，他借着探亲就飞过大洋，这次美国之行，改变了季琦的人生。

到了美国之后，季琦发现自己存款不多，另外，上海交大的毕业证也不太行得通，只好四处找同学帮忙。这天，季琦去找他在甲骨文工作的同学。在甲骨文总部喝着咖啡，同学把季琦带到电脑前，让他上了一次雅虎网，那是季琦第一次见到互联网。季琦望着屏幕发呆，他意识到这东西将会席卷世界。季琦在美国认识了很多台湾人，这些台湾人都劝季琦回到大陆去，因为大陆正在高速发展，那里才有最大的商机。

1995年，季琦回国，做好准备要大干一场。他刚回国就接了一个电话，是北京中化英华智能系统有限公司的总经理打来的，这个人以前是季琦的一个客户，这次是打电话找他玩。二人聊得兴起，这位总经理就让季琦跟着他干，让季琦以合作伙伴的身份加入，季琦爽快地答应了。

两年下来，季琦带领的团队签下了3000多万元的合同。但是这时候季琦的分公司被卖掉了，季琦也只能黯然离开。1997年9月，他自己开了一家公司，到年底时盈利100多万元。因为季琦朋友多，都来帮助支持他的业务。

为了让公司更赚钱，季琦在1997到1999这两年多的时间里做过很多生意，综合布线、系统集成甚至软件开发。有一回在给甲骨文做ERP咨询分包时，季琦认识了甲骨文中国区咨询总监梁建章。后来，二人成了好朋友，经常一起喝酒。这时候，季琦一直惦记着互联网，尤其看到国内各大门户网站飞速发展，互联网浪潮即将到来，季琦想行动了。但是他还没有找到一个切入点。在一次与梁建章喝酒中他谈到了互联网，就提议一起做互联网企业，得到梁建章的赞同。

1997年9月，季琦创办上海携程科技有限责任公司并任总经理。1999年5月，与梁建章、沈南鹏、范敏共同创建了携程旅行网。四人按各自专长分工：季琦任总裁，梁建章任首席执行官，沈南鹏任首席财务官，范敏任执行副总裁，人称"携程四君子"。

2002年，在携程发展正顺时，他从携程抽身而出，创办如家连锁酒店，身份也由携程总裁变为如家连锁酒店的CEO。当时，中国的经济型酒店只有锦江之星和新亚之星，他带着一个本子、一把尺子、一个老式的佳能胶卷相机，把上海和宁波两地的每一家锦江之星都住了一遍，房价多少、多少间房、床有多宽、门有多高，都一一记下来，闲时还和值班经理、服务员聊天，客源资料和成本结构都摸得清清楚楚。

2005年季琦创办汉庭连锁酒店，出任CEO。同年2月，组建力山投资公司，自任CEO，投资方向转为商业房地产，2010年汉庭酒店登陆纳斯达克，季琦在10年间打造出3家纳斯达克上市公司，不愧"创业狂人"的称号。

如今，尽管季琦另立门户，创办了汉庭商务连锁酒店，但他表示，汉庭跟如家不是直接竞争，依然是"兄弟之间的企业"。

2.梁建章——创业、淡出、回归

梁建章，上海人，出生于1969年，从小就有"大头神童"之称。当年在上海只有两个孩子有这个称号：一个是梁建章；另一个是邵亦波，就是后来易趣网的老板。

梁建章被称为神童，他的智商到底有多高？他回答记者说："我没测过，但应该是非常高的。"梁建章接触电脑很早，他13岁那年上海在中小学生中尝试开展计算机教育时是开端。当时是中国福利会少年宫承办的，请来了上海师范学院的朱鸿鹗教授，学生差不多有200名。由于梁建章年纪小，很多计算机问题都不懂，尤其很多问题需要数学，梁建章就回家问爸爸，爸爸用高等数学解答出来，梁建章根本看不懂那些解法，但是他对爸爸说："爸爸我要学习这些，我现在就要学会。"

爸爸给梁建章精挑细选了许多数学方面的书籍，于是还在上初中的梁建章就自学掌握了高中和大学的数学课程，这样再做起电脑编程来就得心应手多了。包括朱鸿鹗教授以及梁建章的爸爸在内谁都没想到，本以为只是培养孩子兴趣的业余计算机课程，结果梁建章却在半年后开发出来一个可以辅助写诗的程序！这不是天才是什么？梁建章因此获得了第一届全国计算机程序设计大赛金奖，并在领奖台上初识沈南鹏，他俩做梦也想不到，10多年后二人会再度相见，携手创业。

梁建章设计的这个程序非常有意思，在DOS系统单调的屏幕上，只要输入诗歌的题目、格式要求、每句的第一个字和韵脚后，电脑就能写出诗来。当时，为了能编出可以辅助写诗这个程序，半年里，梁建章阅读了《唐诗三百首》《千家诗新注》《学诗百法》等专业书，还看了《唐诗鉴赏辞典》《中华诗韵》等工具书；计算机知识方面，学习了《人工智能原理》《数据原理》以及有关逻辑学、语言学的书籍。

据介绍，梁建章的天才之处不仅仅在电脑技术，他小时候上学都不怎么听课，只是把课本上的东西翻一翻就明白了，考试每次都拿高分。特别是在初中参加计算机小组，自学了中学、大学的数学和物理课程之后，他的求学之路基本上是三级跳。初中没有毕业，梁建章就直接考入复旦大学计算机本科少年班。一年之后，复旦还没有毕业，梁建章又考入美国乔治亚理工大学。

1989年，梁建章年仅20岁，就已经拿下了乔治亚理工大学的硕士学位，并且开始读博士，梁建章后来说："在美国的学习，对我帮助很大。"此时梁建章觉得"最先进的东西不是在学校而是在企业"，于是博士没有毕业，他就加入了甲骨文公司。

甲骨文是世界500强中非常著名的企业，其创始人拉里·埃里森更是以"硅谷狂人"著称。埃里森曾经受邀到耶鲁大学毕业典礼上演讲，结果演讲中却劝大学生们赶紧退学，否则将来都会是"失败者"。梁建章从此进入了美国硅谷，在甲骨文的研发部尽情地释放着自己的才能。

一次偶然的机会，梁建章回国探亲，这一趟探亲让梁建章心潮起伏。一座座大楼拔地而起，无数企业如雨后春笋般出现，国内的商业氛围让他震惊，他觉得自己将来的机会一定在中国。

梁建章回到美国之后，就申请转换到客户服务部工作。在甲骨文几乎没有人这么做，因为研发部的地位、待遇、期权等方面要远远好过其他部门，但是梁建章依然坚持要去客户服务部。

1997年，梁建章通过了甲骨文内部的竞聘，成功担任了中国区咨询总监。回想起来，梁建章颇为感慨，他认为自己当初这个选择是正确的，因为如果他一直在研发部的话，那是没有机会调回中国的，梁建章此时开始从技术转向管理。

这期间，梁建章负责了不少国内重大的项目，如整个民航的财务管理系统、中国电信的管理信息系统等。他还为国内外多家企业担任管理、软件和电子商务方面的顾问，并参与策划了国内的几家知名网络公司的创建。

梁建章认识季琦后，便跟他讨论一起建一个网站的想法。那么建什么样的网站比较合适呢？梁建章曾经想过网上书店，因为当时美国的亚马逊公司发展得特别好，1998年年底，亚马逊的股价一度突破300美元，到1999年2月，亚马逊的估值已经达到250亿美元。梁建章还想过网上招聘，美国也有大型招聘网站获得了成功，国内也有前程无忧这样成功的先例。

最终，梁建章决定建一家旅游网站，因为他从小就喜欢旅游，小时候去过武夷山，后来还去过美国大峡谷等地。一次他跟太太在一处森林里旅游时按照地图的指示差点迷路，这一经历促使他想要办一家旅游网站，最重要的是当时国内旅游业开始井喷式发展，旅游网站很符合潮流。于是梁建章找到了沈南鹏，两个人一拍即合，携程的构想诞生了。

1999年，沈南鹏同梁建章、季琦等人一同创立了携程网，并于后来又创立了如家，并投资分众传媒等项目。自2005年起，35岁的梁建章开始思考人生的下一个目标。创业、赚钱的人生阶段性目标已经实现。此时，携程网已在纳斯达克上市，是行业里当仁不让的老大，甩开了竞争对手。这位年轻又喜欢研究问题的企业领袖，辞去了CEO职位，开始了新的征程。梁建章赴美国斯坦福大学攻读经济学博士，那段日子是难得的清净日子，梁建章白天去上课，晚上回来给儿子辅导功课，很是惬意自得。2013年2月21日，携程网宣布任命梁建章为董事会主席兼首席执行官，并兼任携程旗下负责旅游相关业务的携程旅游控股有限公司董事会主席。此次任命自2013年3月1日起生效。

3.范敏——从旅行社经理到携程CEO

沈南鹏擅长资本运作，梁建章擅长技术，季琦对创业很拿手，三人决定做一家旅游网站，还需要一个懂旅游业的人，这个人就是范敏。

范敏1965年出生，从小学习用功，大学考上了上海交大管理工程专业。4年后，直接免试攻读本校管理学硕士学位，而这年1000多名应届毕业生中，直接免试读研的只有两个人。就这样，范敏整整在上海交大的校园里生活了7年。范敏曾回忆说那是自己的苦乐年华，虽然当时物质匮乏，但是精神充裕。他说当年在新华书店门口，早上7点就已经排起了长队，等着进去看书、学习。

范敏很爱看书，当时朱光潜先生的《谈美书简》给他留下了深刻的印象，里面的一句"做老实人，说老实话，办老实事"成了范敏一生的座右铭。范敏成熟稳重，很有领导风范，他当时是上海交大的学生会主席，工作做得很不错。不过范敏并非书呆子，读大四那年，他和几位同学成立了交大昂立学生科技开发公司，自己担任公司的副总，公司的主要业务是做课题咨询，给企业和外地的城市做规划。尽管最终这家小小的公司倒闭了，但是名字却留了下来，成为另一家著名公司的名字。

1990年，范敏研究生毕业了。作为上海交大的研究生，找工作不成问题，是他挑工作，而不是工作挑他。当年最热门的岗位是政府部门和金融机构，但是范敏都拒绝了，他选择了一个让很多人都大跌眼镜的行业——旅游业。原因是当时的旅游业已经开始兴起，而且很多人还未意识到这一点，也就是说这种情况下范敏在里面就很容易脱颖而出。

范敏进入了上海新亚集团，作为公司的第一个研究生，他得到了重点培养，很快就升任办公室助理。

但有一天，范敏来到领导办公室提了一个要求，他的要求不是升职加薪，而是到基层去！范敏表示自己想调到新亚集团刚成立的下属单位海伦宾馆去工作。

办公室主任赵焕问道："小范，你怎么了？是工作不开心，还是对工作不满意？那边条件那么差，你干吗去那儿呢？"

范敏回答说："赵主任，我不是对公司不满意，尽管那边条件差些，但我还是想去锻炼锻炼，到那边不用当领导，从基层员工做起也没关系！"

范敏最终还是出现在了海伦宾馆大堂里，胸前的工牌上写着：实习管理生——研究生毕业的范敏心甘情愿地来做实习管理生。在海伦宾馆工作了4年，他的业绩非常突出。当时上海市旅游局在全市选拔20人去瑞士洛桑管理学校进修，其中就有范敏。

在瑞士洛桑管理学校的一年时间里，让范敏真正见识到了国际化旅游酒店的管理方式，让他对这一行业有了更深的认识。有一件事给范敏留下了很深的印象：当时学生们帮学校写推介促销信，写完一大摞后就顺手给了培训的老师，结果老师大发雷霆，老师说："你们都是酒店的经理，做事一定要专业！信放在筐里应该放整齐，全部正面朝上，边角对齐，这样邮局工作人员拿回去后就不用再整理，可以直接盖邮戳。"

范敏开始明白这一行业的尊严了，做事不细致就是对自己的侮辱，用心学习了一年的范敏已然有了脱胎换骨的感觉。

从瑞士归国后，范敏被提任为上海新亚集团酒店管理公司副总经理。此后，他官运亨通，又先后被任命为上海旅行社和大陆饭店的总经理。1999年时，范敏已经在旅游行业工作了10年。

如果没什么意外的话，范敏或许会这样持续下去，在国企做总经理，有房有车还有司机。然而上天主动给了范敏一个改变的机会。

这边谋划做互联网的沈南鹏、梁建章、季琦已经物色合伙人很长时间了，最早他们想拉春秋旅行社的王正华，但是当时王正华已经坐上了全国旅行社的第一把交椅，不愿意跟几个年轻人去做互联网。

想来想去，季琦突然想起上海交大校友范敏也在做旅游业，这一次，三人决定说什么也要说服范敏。1999年的一天，范敏被一位朋友约到了上海鹭鹭餐厅，有3个人在等着他，正是沈南鹏等人。

可是这次谈话，尽管沈南鹏他们说了很多，但是范敏并没有表态。毕竟范敏当时是国企总经理，拉他去创业并不容易。季琦并不死心，一来合适的人选不多，二来谈过之后几乎就产生了非范敏不可的想法。接下来季琦就展现了自己做销售时锲而不舍的精神，没事就跑到范敏那儿，聊梦想，谈未来。

或许是季琦三顾茅庐的精神打动了范敏，最终范敏对季琦说："好吧！我决定赌一把。其实，人生就像一场赌博，不可以赌，但必须要搏。"

自此，"携程四君子"齐聚，准备大干一场了。

人才之所以是人才，不仅是他们能力出众，更重要的是眼光独到心智超群。"携程四君子"都属于人中龙凤，他们在大学毕业后都有着让无数人艳羡的工作，但是他们的选择不是安稳地过一生。像范敏这样在新亚集团被重点培养，却主动要求去下属单位从基层做起的人，能做到的有几个？所以说有时候成功就是一种必然，明显可以看出这4个人对自己的职业规划、人生态度有着清晰的认识，对自己的能力和理想非常清楚，4个人才凑在一起，组成了最优秀的团队。

4.孙坚——从百安居到如家CEO

沈南鹏注重团队建设，他认为创业就要跟优秀的人才一起创业，同时公司也要有优秀的人才来管理。

如家创立之初，沈南鹏就斥巨资从国外引进一整支酒店管理团队，涵盖了金融、酒店、IT，甚至建筑业的人才，有一些世界500强的人才也被沈南鹏拉来。之所以花这么大价钱做这个团队，沈南鹏的目的不在第一家如家酒店，而是要通过第一家复制出无数家，把如家酒店标准化、简单化。

然而有了这么一支优秀团队，还缺少一个最重要的人——首席执行官。当时的如家正在蓬勃发展，沈南鹏聘请的管理人才的确不错，这些人对酒店细节管理很在行，但是对如家整体经营并不能很好地把握。

此时的沈南鹏忙着携程上市问题，另外，他在携程也没有担任首席执行官，那不是他的擅长，所以必须要从外面去找一个可信赖、能力可靠的CEO，把整个团队撑起来。

一个叫孙坚的人进入了沈南鹏的视野。当时孙坚正担任百安居中国区副总裁，对酒店业一窍不通，而沈南鹏却对他进行了"挖脚"。

起初，孙坚对于邀请的第一反应是"开什么玩笑"，沈南鹏不断地努力邀请，最终孙坚答应考虑一下。孙坚回忆道："当时我和一个朋友，花了188元住了一下上海浦东的如家塘桥店，说实话，这之前我并不知道如家，我一般都是住五星级酒店，对于经济型酒店没有概念。"孙坚表示亲自住了一次如家，还仔细查看了床单、灯具、卫生间，对如家逐步进行了解。他决定跟沈南鹏谈一谈。

沈南鹏在办公室见了孙坚，两个人不只是聊如家的发展，还聊了很多关于男人的选择、创业、责任等问题，两个人发现了很多共同点。孙坚的太太反对他离开百安居，沈南鹏很理解，说道："我当初离开德意志银行的时候，我太太也反对过，那一年我30岁，在中国的传统文化里，三十而立，男人在30岁的时候应该有自己的事业。"就这样，孙坚被打动了。

孙坚虽然不是酒店业出身，但是他能够触类旁通，有着极为丰富的商战经验，而且他最擅长的就是连锁经营。如家的几位创始人给如家带来了发展奇迹，而孙坚的加入则让如家发展更平顺。

孙坚很讲究整体战略，他觉得开酒店跟踢足球一样，足球场上每一个人都有闪光点，但是最终还是要靠整体战略取胜。沈南鹏看中的就是孙坚身上的低调稳重和超高的职业经理人素养。沈南鹏和几个创始人商量过后，决定对孙坚全面放权，让孙坚放手去干。他对孙坚说："你尽管放手去做，胆子大一点儿，出了什么事情我顶着。"

于是，孙坚开始制作企业模型，他表示，"连锁业就是重复复制你的企业"，他对如家组织结构做出了战略性调整：1个支持中心和4个经营中心。1个支持中心担负着如家最重要的职责：负责制订全国的战略计划、服务标准和操作流程，并且搭建连锁企业所需要的指挥系统，4个经营中心是华东、华南、华北、华西4个地区。北京和上海作为根据地，如同下围棋一样，孙坚将如家的发展比喻为"三步走"，城市——地区——全国。如家起步于北京、上海，然后以中国最大的两个城市为跳板，进入其周边的大中城市，天津、杭州、南京……2005年之后，如家公司加快了扩张步伐，孙坚已经开始为如家在全国布局，他先确定东、西、南、北四个角，再将北京和上海作为中间的两条强龙，同时，这两条强龙是如家整体赖以发展的基础。

接下去，孙坚要做的就是用点、线、面不断地把点连活，一局妙棋就这样盘活了。布好局后，沈南鹏又找到孙坚，他们又开始商讨下一步的工作，孙坚则又提出了"有所为而有所不为"，沈南鹏听他详细讲解过后，心中暗喜："我没选错人。"

孙坚的战略是如家要有选择性地放弃，他砍掉了管理合同以及市场联盟两种加盟方式，明确以发展直营店为主，暂缓短期内增加分店数量特许加盟的拓展方式，孙坚认为，"如家品牌还没有强大到能够很好地控制和管理合作方"，所以有时候加盟店会与直营店产生种种问题。因为在创立之初，为迅速占领市场，如家曾经采用直营店、特许经营、管理合同以及市场联盟4种方式，以图全面出击。这种方式在最初为如家带来了迅速拓展，但是如今已经站稳了脚跟，就没有必要再继续使用这种模式了。

孙坚的理念就是："速度第一，但非唯一。"他认为一个优秀的连锁企业在发展的高速时期，先要学会忍耐寂寞，耐心地坚持，才能达到战略收网的阶段。孙坚的布局很快就有了成效，2005年如家新开35家门店，横跨4个经营区域，并将客房平均出租率保持在90%左右。

取得这一系列优秀的成绩实属"天时地利人和"，孙坚带着他的优秀团队，不断地为如家开疆扩土，逐步成长为国内经济型连锁酒店第一的位置。

5.团队是企业成长的核心竞争力

沈南鹏曾经在一个创业投资大会上谈到团队精神，他说："在中国做创业，无论是多大规模的企业，很重要的一点就是要有团队精神。"我们看到携程、百度、阿里巴巴都有一个非常完整的团队，这是企业能够成长的核心竞争力。沈南鹏曾经说过这样的话："如果说我对如家最大的贡献，那就是建立了完整的团队，找到了合适的CEO、CFO，这些是我主导并感到自豪的事情。"

在创办携程和如家的过程中，沈南鹏、梁建章、季琦、范敏4个人之间是一种平等的合作伙伴的关系。范敏曾经对这种风格做出过解释："先把最危险、最有争执的利益说清楚，才能坦诚相见。"

4位创始人中，没有领袖，没有"国王"，也没有"带头大哥"。在中国企业史上，有比携程、如家更强大的企业，有比梁建章更聪明的CEO，有比沈南鹏更精干的投资人，有比季琦更勇猛的创业者，有比范敏拥有更多资源和经验的管理者，但是很少有像这4个人一样默契、平等的团队。这个团队靠的不是权威，而是平等的关系和契约精神，更重要的是这个团队能够不断地成长，随着企业的进步而进步。

　　我们都知道沈南鹏从未担任过CEO，但是沈南鹏的能力在于善于挖掘和打造CEO。沈南鹏当年曾经一手促成新浪CFO曹国伟加入分众传媒做独立董事。沈南鹏回忆道："刚刚上市的公司，马上要讨论上亿美元的收购，压力非常大，作为业界非常有经验的CFO，曹国伟的加入无疑起到了重要作用。"

　　团队一直是沈南鹏十分注重的，他创业时注重团队几个人的配合和能力，做投资时要考察创业团队是否有能力值得他投资，因为在沈南鹏的心里，团队才是企业成长的核心竞争力，商业模式、市场时机都要排在团队后面。

　　沈南鹏认为团队的成员是人，在创业活动中人的影响力要占据很大一部分，尤其是几个人共同创业的时候，每一个创始人能否发挥才华、通力协作都是很重要的，很多创业型的企业就是因为合伙人之间出现问题，结果导致团队分崩离析，最终创业失败。

　　财经作家朱瑛石评论道："在梁、沈、季、范四人组合里，没有'皇帝'，也没有'大哥'，他们创立的携程、如家，虽然经历多次高层人事变更，却从来没有发生过震荡，都在纳斯达克成功上市，并一直保持着优异业绩；他们为中国企业树立了一个高效团队的榜样，最终获得了共赢。"

6.人才是企业长期发展最重要的因素

很多创业者辛辛苦苦把企业建立起来后，眼看着企业将要进入高速成长阶段，结果却一落千丈，失败了。企业模式很新颖，很有发展潜力，资金也不缺，哪里出问题了呢？

很大的原因就在于创始人担任CEO。很多企业创始人凭借着机遇、技术创立了很不错的公司，这些创始人具有敢想敢干的创业素养，但在企业发展壮大后，尤其是跟其他公司合作变多的时候，往往创始人的水平就跟不上了。

创始人老旧的思维模式、不够科学规范的管理，都将影响企业的发展。

这就是为什么说"守成难于创业"。来看一下知名大企业在高速发展阶段，其创始人是如何应对的。比尔·盖茨在微软成立后，以大量的微软股票为筹码力邀史蒂夫·鲍尔默加盟，后来又让鲍尔默当CEO和总裁。谷歌公司是谢尔盖·布林和拉里·佩奇二人创办的，但是他们在2001年特意聘请有20年经验的埃里克·施密特来担任CEO。两家伟大公司的创始人请"外人"来担任CEO，并不是所有企业家都能做到的。

这就是沈南鹏请孙坚来做如家CEO的原因。除了在高层方面要时刻保持着新鲜的血液外，对中下层员工也不能放松，因为任何一个员工都可能成为优秀的人才，也可能一无是处。沈南鹏对此很清楚，在携程创立之后，携程的业务越做越大，员工人数呈几何倍数增长，甚至每年要招聘上千名员工，很多企业在这种情况下都会放松一些标准，赶紧招人要紧。但是沈南鹏并非如此，他对新员工的要求越来越严格。

作为创业企业，有经验的、成熟的管理人才是一个企业能否持续发展的关键，创业投资者宁可投资第二流项目、第一流的人，也不投资第一流的项目、第二流的人。一流人才会把二流项目变成一流项目，二流人才则可能把一流项目做成二流项目。

所以沈南鹏注重给携程不断地注入新鲜血液，他在"挖人才"这件事情上不遗余力、舍得花钱，沈南鹏表示："项目时刻在更改，步骤随时可以修正，但是高素质的创业团队却不可多得。"

仅仅从外面挖人是不够的，携程自有一套人才选拔制度，沈南鹏提出要杜绝"一个人一个旅行社"的局面，他要求在整个流程上必须有不同的团队配合，同时携程又制订了人才培养计划，通过"中高层培养""骨干储备""管理实习生"3个层次的筛选，要求管理10人以上的经理人必须为自己制订人员储备计划。

沈南鹏在人才选拔任用问题上一点儿也不含糊，因为这关系到携程未来的发展大计。通过人才培养计划的实施，携程的人才上升变得迅速，有能力的人可以得到提拔，不合格者将被淘汰。

2007年，携程大学正式开学。这是由沈南鹏推动的项目，目的是持续地为携程培养管理人才，管理人员要在这里接受为期9个月的"CMBA培训"，课程由携程自己开发，结合携程的业务特点和管理难题设计案例。

携程是法治与人治并重，新员工要经过两三个月的培训，还要接受不断考核，过关了才能参加工作，这样也并不意味着就可以放松学习了。每个月，携程网各个部门的领导，甚至包括总裁在内都要跟呼叫中心员工一起工作一天，坐在普通员工旁边，戴上耳机，监控员工的工作质量。

沈南鹏认为，在企业发展的不同阶段，团队需要有不同层次的人才。沈南鹏建议众多创业CEO"应该在高层人才储备上早做准备"。他提醒，在人才培训、提升和从外部吸纳力量时，内、外部人才的融合将是一个很大的挑战。沈南鹏说："当企业发展进入高速成长阶段，人才替代是不可避免的，这是创业过程中要经历的阵痛，也是创始人必须下决心的地方。"

沈南鹏注重人才的培养和选拔，他着力于在携程和如家内部建立一个良好的人才上升通道，同时又有良好的人才培训模式，这样才能够让携程和如家持续地高速发展下去。

第十一章　红杉十年，带领一匹匹中国黑马腾飞

1.福布斯全球最佳创投人

2015年3月25日，一年一度的福布斯全球最佳创投人榜揭晓，红杉资本全球执行合伙人、红杉资本中国基金创始及执行合伙人沈南鹏位居第八名，这是他第四年蝉联华人最高排名。同时，他是唯一一位上榜《财富》2015"中国最具影响力的50位商界领袖"的基金投资人。

1972年红杉资本于美国创立，素有"硅谷风投之王"之称，是全球最大的VC之一，曾投资了苹果电脑、思科、甲骨文、雅虎、谷歌和Paypal等知名公司。2005年，沈南鹏在红杉基金合伙人迈克尔·莫里茨（Michael Moritz）和道格·莱昂内（Doug Leone）的

支持下创办了红杉资本中国基金。

沈南鹏在把携程和如家带入纳斯达克后，又开始了职业生涯的新方向，这一次，他又选择了投资，那么他的业绩怎样呢？

有数据显示，红杉中国共管理12支基金，资金规模达78.38亿元。红杉中国在沈南鹏的带领下，在中国究竟赚了多少钱？根据2014年的资料显示，红杉中国的153个投资项目中，21家已在美国、香港、内地等地上市。对这21个上市项目投资收益进行逐一估算，红杉中国的总投资净收益约122亿元人民币。其中，获利最为丰厚的当属奇虎360和唯品会，分别净赚4.98亿美元和2.37亿美元。红杉中国在京东的回报率则超过100倍。这是足以令风投行业从业者侧目的数字。

同样荣登最佳创投人榜单的竞争对手纪源资本执行合伙人李宏玮说："在众多加盟风险投资基金中，只有红杉资本表现卓越，很多基金还没有良好的业绩时，红杉中国已经创下很多佳绩了。我认为这要归功于沈南鹏。"

沈南鹏是如何获得这些投资佳绩的？事实上，红杉资本在进入中国后创办的红杉中国相当长一段时间里都在布局传统行业，在中国的声名远不如红杉硅谷总部。后来，沈南鹏重新调整了红杉资本的投资策略，充分利用中国市场的特点来获利。

沈南鹏认为"在中国遇到的投资机遇比硅谷更广泛"。红杉中国会涉足美国风险投资公司可能会避开的行业，但有些行业也不会涉足，比如房地产、矿业和重型机械。沈南鹏表示，关键在于了解中国的文化和商业惯例，而且在中国，不用怕多动用人力。

沈南鹏认为在投资一个企业之前，全面深入的调查非常重要，因为中国市场较难衡量，财务状况的研究也更为棘手。他拥有一个近50人的团队负责尽职调查与发掘新的投资对象。有一天早上，沈南鹏正在加利福尼亚索萨利托与红杉资本在美国、印度和以色列办事处的合伙人参加年度异地会议。一个经理发来邮件说，在对一家公司做调查时发现其有欺诈行为，决定放弃投资。沈南鹏说："这位经理很高兴，不是因为他赚到了钱，而是因为我们躲过了一劫。"

直到如今，沈南鹏的团队还在坚持主动打电话这种快要消失的联系方式，去寻找适合投资的新公司。唯品会正是用这样的方式找到的。一天，唯品会首席执行官沈亚得知红杉中国在客户服务台留了言，他回忆说："他们在中国相当有名，所以我给他们回了电话。"在沈南鹏的力主下，红杉两次投资了唯品会。

沈南鹏投资奇虎则得益于他的经历，更准确地说是他看人的眼光。奇虎360创始人周鸿祎从携程创立初期就认识沈南鹏，周鸿祎表示："沈南鹏告诉我，无论我做什么项目他都会投资，因为我的创业履历一向很成功。2005年下半年，我们和红杉中国的交易很快就完成了，不是因为红杉中国的名气，而是因为沈南鹏认可我的团队。"

很多竞争对手包括横跨美中两地的纪源资本（GGV Capital）在内，都把投资重点放在"TMT"（科技、媒体和电信）行业。沈南鹏则采取了更多元化的策略，红杉中国专注于四个方向的投资：科技/传媒、医疗健康、消费品/服务、新能源/清洁技术/先进制造，但并不局限于此。

如今的沈南鹏每天都在寻找新公司的路上，他每年要面见的新公司多达150余家（红杉中国的创业和成长基金每年投资达25～30家公司）。唯品会CEO沈亚曾说："沈南鹏和其他几位合伙人总是在各地飞来飞去面见公司，有一次他们来找我谈事情，但他们当天还要再跟其他几家公司创始人见面，于是就干脆把另外几位创始人带到我们的办公室。"

虽然和沈南鹏联合创办红杉、曾被业界誉为"中国风险投资界的绝代双骄"的合伙人张帆已于2009年离职，但沈南鹏让红杉资本坚信自己可以掌好红杉中国的舵。

2.黄金搭档张帆

在携程和如家走向正规之后，沈南鹏开始思考自己职业的下一站了。他的心里早就有了一个大致目标，那就是做投资。沈南鹏作为个人投资者投资了分众传媒，也因此认识了张帆。

张帆是一个优秀的人才，年仅28岁时就在美国加入了德丰杰全球创业投资基金，两年后升任德丰杰全球创业投资基金副总裁兼中国首席代表。

德丰杰全球创业投资基金是一家比较独特的公司，这家公司把美国以外的市场都看作是全球市场，是用全球基金来投资美国以外的市场。这种情况下，所有投资决策委员会的成员都在美国，在沟通和交流的问题上存在着很大的成本，张帆一直希望德丰杰能够成立以中国为目标市场的分公司。

德丰杰并不能如张帆所愿，他一直在寻找回国的机会。当时张帆代表德丰杰投资分众传媒，沈南鹏则作为分众传媒的个人投资者，两个人都非常看好分众传媒，于是就此相识，常常在一起讨论有关中国投资产业的问题。

沈南鹏和张帆都认为应该有一支以中国为目标市场的风投基金。沈南鹏表示："在这一点和其他很多方面，我们都经常进行沟通并达成了共识。"于是，沈南鹏和张帆就在红杉资本的旗下一起创办了红杉中国基金，开始了新的职业道路。

很多人称2006年为风险投资业的分水岭，风险投资开始进入2.0时代，也就是说风险投资的资金开始来自美国，但是管理团队却由中国人担当，红杉中国无疑就是其中的代表。

业界和媒体形容张帆和沈南鹏为一对黄金搭档，而张帆也开玩笑地说："我们俩合起来就是一盒保健品！"张帆表示，他和沈南鹏的配合是非常默契的，一个常驻上海，一个常驻北京，使得红杉中国南北呼应，映照全国。

沈南鹏表示，是当时的环境激励自己走上了投资道路。他说：
"2003年之前，在纳斯达克上市的中国企业只有5家，但是在这之后，
一批有规模、有品质的企业纷纷开始上市，香港有李宁、蒙牛等，美
国有携程、分众、百度等一大批，这对于风险投资是极大的激励，资
本看到了结果，于是海外风险投资开始非常迅速地进入中国。"

当年的风险投资界堪称风起云涌，各路英豪纷纷加入。2005年7
月，宁君离开金融街，以投资合伙人的身份加入IDG创业投资基金。
2006年2月，e龙创始人唐越宣布辞去首席执行官职务，将要组建一
支属于自己的投资基金，规模超过1亿美元。除此之外还有大量的天
使投资人，都在寻找着可投资的目标。

沈南鹏和张帆这对黄金搭档在当时风头一时无两，看人准、资
金多，就是红杉中国当时的写照。沈南鹏和张帆投资了不少成功的
企业。

3.互联网领域挥斥方遒

2005年9月，沈南鹏与张帆联合创办了美国红杉投资旗下的红杉
中国基金，并出任合伙人。第一期2亿美元的资金迅速募集到位。

沈南鹏并没有等待多久就出手了，他第一次出手就是在互联网
领域，而且投资的是后来大名鼎鼎的奇虎。原雅虎中国副总裁齐向

东离职后创立了奇虎网，将搜索发展定位在web2.0搜索上。所谓的web2.0主要包括论坛和社区搜索，这是互联网发展、搜索市场细分化、互联网向草根阶层发展的必然趋势。

当时，奇虎网定位为全球智能化中文社区论坛搜索引擎，目的就是致力于帮助用户从海量的互联网内容中便捷地获取信息，帮助各大社区论坛增加搜索功能。奇虎把搜索概念与社区概念融合，在全球首创了"社区+搜索"模式，将社区论坛和搜索两大概念融合到一起。

沈南鹏看中的就是这一点，他认为这种模式非常有潜力。在奇虎网刚刚诞生7个月时，沈南鹏就决定对其投资2000万美元。

奇虎CEO齐向东说："他们过来不是跟我谈商业条件，而是共同谋划未来奇虎的发展模式和方向，我们把对中国互联网的理解，他们把对美国互联网的理解，包括他们对谷歌的理解、对互联网更新的发展方向的理解融合到一起，为奇虎今后的发展和定位提供参考。我觉得这是其他VC不能给我的，这对我来说印象非常深刻。"

此次投资之后不到一年的时间里，由沈南鹏力荐，奇虎再次获得美国红杉投资等风投资金的联合投资，使其在起步阶段就获得了大量资金。

红杉中国2006年向奇虎投资600万美元，当时每股50美分；2006年11月第二轮投资中注资100万美元，每股66美分。奇虎也不含糊，上市首日股价达34美元，红杉中国持股8.5%，价值5.05亿美元。由此计算，红杉中国700万美元投资5年获得72倍回报，赚得4.98亿美元。

2006年，红杉中国向大众点评网投资200万美元，2007年再次追加投资，助推大众点评网在2010年进入团购领域。而且沈南鹏"脚踏两只船"，他引领红杉中国为美团网又投资1000万美元。大众点评网看似是一个吃吃喝喝的点评网站，根本没有什么技术含量，只是一些消费者去打分、评论。但是沈南鹏认为："这家注册用户超过100万的餐饮指南网站，其点评模式、草根意识、本地搜索功能及其他相关的服务是我所看好的，网站和餐饮消费行为的关联度很高。"

据统计，2008年之后，红杉中国在互联网领域的投资不断增加，每年投资频率都达30次以上，其中涉及互联网应用的投资数量最多，占了一半以上，唯品会、美团网、京东商城、奇虎360等项目早就在这一时期开始布局。沈南鹏开始在中国互联网界显示出自己的掌控力。

如果说以互联网为代表的新兴产业是一个国家乃至全世界的发展方向，那么沈南鹏无疑是其中勘透未来的好手；如果说资本是推动这些新兴产业发展的关键力量，那么红杉中国已经在配置全套助推动力系统。

在《福布斯》公布的2014年全球最佳创投人排名中，红杉资本入榜人数在全世界范围内继续保持领先；在国内的各项投资人评比中，沈南鹏也保持着长期的领先位置，沈南鹏开启了真正的投资人职业生涯。

4.布局电商生态圈

电子商务是新兴的互联网项目，国内的电子商务也在不断发展着，国人最熟知的电商代表就是淘宝、京东等，其实还有很多都可以算得上是电子商务，这些网站的背后基本上都有着红杉中国的影子。

中国的电子商务市场是一块超大蛋糕，早期是淘宝网一家独大，中期百度、腾讯纷纷眼红，也建立了属于自己的电子商务网站，只是最终以失败告终。中国的小创业者们另辟蹊径，去做模式不同的电子商务，如大众点评、聚美优品、唯品会、途牛旅游网等等。

以2010年为界，红杉中国的投资策略前后截然相反。前一阶段，红杉中国投下的上市公司几乎全部来自传统行业，且资本进入时间大多集中在Pre-IPO阶段；而其所投的互联网公司比重之低，与硅谷风投之王的基因远不匹配。后一阶段，其投资重心回归新技术、新经济。

不过，沈南鹏做事从来都是先布局再出手的，尽管红杉中国在2010年才发力电子商务，其实沈南鹏在2007年就已经开始布局了，对阿里巴巴和京东等网站都进行了投资，只是没有后来大规模投资那么声势浩大。

随着电子商务这一概念开始深入人心，任何传统行业都不能轻视电子商务所带来的机会和挑战。要知道，电子商务的概念可不仅仅是在网上卖东西那么简单，它是具有一整套互联网思维的产物，跟消费者有着充分的互动，一家好的电子商务网站将掌握大量的流量和用户习惯。

目前互联网消费已成大势所趋，沈南鹏在接受《21世纪经济报道》记者专访时做出的总结是："以消费互联网代表的信息科技行业是中国经济过去几年的一大亮点，市场化程度极高，不少领域的产业环境，从人才到技术和商业模式的创新度不亚于硅谷，并产生了可观的资本效率，良性循环已经出现。"

沈南鹏要布局的是一个大范围的电商生态圈，有电商就得有物流，所以红杉中国还进入了正在蓬勃发展的物流行业。2013年年初，公路货运平台公司安能物流获得红杉中国630万美金注资；年中尘埃落定的中通速递投资案中，红杉中国以3170万美元，买下中通10%"老股"，艰难卡位；而原本在"四通一达"中排名靠后的中通，凭借红杉中国进入带来的IT系统和公司治理提升，业务规模已与申通、圆通并驾齐驱。

同时，红杉中国还投资了一些电商服务类企业，比如给电商公司提供CRM解决方案的数云科技，为淘宝卖家提供ERP的E店宝，以及做流量导购的美丽说。这就是在打造一个紧紧围绕电商的生态圈，可想而知，当中国的电子商务真正做起来后，各个方面都有红杉中国的投资，那投资回报率将会是惊人的。

就拿唯品会来说，2010年，红杉中国开始投资唯品会，注入资金3500万美元，净收益2.37亿美元。当然，红杉中国的投资并不是每一笔都成功了，也有很多失误的时候。2012年，两度获得红杉中国投资的玛萨玛索身陷资金链困境，好乐买等垂直电商直面库存高压，苦渡行业寒冬。

同一行业押注两家竞争对手的"竞品双投"策略，在红杉中国的投资中不算少见。在线旅游领域，红杉先是在2010年12月与鼎晖投资联手向驴妈妈旅游网注资约1亿元人民币；又在2011年4月参与途牛旅游网第三轮5000万美元融资；5个月后，再向驴妈妈追加C轮融资。

财大气粗的红杉中国好像是看什么有潜力就投资什么，其实并非如此，即便是红杉中国的确有钱，也不会盲目投资，而且不会做单笔投资。所谓的单笔投资就是投资给孤零零的一家企业，这家企业并不能跟其他企业联系起来，或者跟红杉中国后续的动作无法配合。沈南鹏的每一笔投资都经过深思熟虑，而且投资和投资之间都有着联系，每一笔投资都是一枚棋子，连接起来才成为一盘棋。

5.农产品才是硬需求

红杉资本在美国被人戏称为"从不投资距离硅谷40英里半径以外的公司"，尽管有些夸张，也充分说明红杉资本在美国是很高高在上的，看中的都是高科技企业，或者新诞生的互联网公司。我们都知道互联网企业烧钱，同时也能给风投公司带来翻倍的利润，所以红杉资本多投资于高科技公司。

沈南鹏却深深扎根于中国国情，他看到了蓬勃发展的中国互联网，也看到了新经济形势下的中国，在很多领域都大有可为。沈南鹏看重的是农业领域，让他身边的人和同行们都一头雾水，都搞不懂他在搞什么。

来自福建的一家名为利农的农业公司最先引起了沈南鹏的关注。其实沈南鹏不是一时心血来潮就关注了农业，他自始至终都在关注着中国农业的发展，尤其是在2000年超大农业上市、2004年中国绿色食品上市后，沈南鹏知道中国农业正迎来蓬勃发展时期，同时这个行业又缺乏资本的关注，正是红杉中国的机会。

沈南鹏知道国内有非常多的领域都有极高的上升空间，所以他强调红杉中国不会把目光局限在科技界，农业、消费类行业等传统行业同样值得关注。

上面提到的超大现代农业集团，就是以"走绿色道路，创生态文明"为经营理念，全面致力于绿色生产资料开发、绿色生产基地建设、绿色农业科技研发。经过几年的努力，超大农业早就构建起一条从种子、有机肥料生物农药工业、农产品生产加工基地到批发出口的一整套生态链。2000年超大集团在香港上市，开创了中国农业国际资本运营之先河，标志着中国农业开始进入国际金融大市场。

沈南鹏认为未来的农业市场一定不会是一些参差不齐、破破烂烂的蔬菜，而是整齐划一的绿色有机蔬菜，这就需要更多的此类农业公司。过去的农业，许多农户的运作是单一生产，也就是从种子公司买种子，或者直接从育苗公司买幼苗，自己没有研发部门，收获后，原始产品直接卖给中间商或者食品加工商。这种传统的方式不仅效率低，同时也没有主导权，而一旦科技农业兴起，一切都会不一样，未来的农场主将有自己的研发部门，自己育苗、种植、加工、销售，掌握着市场的主动权。

沈南鹏不光看中农业的发展前景，他还看中了利农集团的CEO马承榕。马承榕在高科技农业界是很有资历的，他毕业于福建师范大学，1999年加入超大集团，担任副总裁，主要负责超大基地建设策划与业务发展以及宣传、销售和物流中心的管理，在公司管理及项目投资方面有十几年的经验。马承榕时常下田工作，对农作物非常了解，他加入利农集团后又带给了利农集团新的发展模式，并且跟沃尔玛合作，大量优质蔬菜被销售出去。

马承榕对科技农业很有想法，他打造出一套"工业化生产"的路线，这条路线分为三个步骤：第一，通过大量试验，确保蔬菜品种的领先。目前利农每年试验超过3000个品种的蔬菜，从中找出产量高、抗病性好、外观好以及能够被大众接受的农产品，成功率约为千分之一。第二，雇佣专业人员对每个城市的消费习惯进行研究，以了解每个月里哪些品种的蔬菜能够获得比较好的销量和售价。第三，跟沃尔玛展开全面合作，在福建开始建立自己的市场品牌。

尽管很多投资人对于沈南鹏的举动感到不解甚至不屑，沈南鹏也不去解释。后来在接受媒体采访的时候他这样说道："从商业计划书中，投资者只能看到被投资项目的企业模型、大概定位和市场前景，究竟有没有投资价值，还要看人，你不可能从几十页的商业计划书中就可以了解一个团队强不强。"沈南鹏相信自己看重的马承榕不会让自己失望，他的利农也不会让自己失望。

在不久的将来，互联网+农业将会被人们越来越熟悉，农业也不再是我们印象里的模样，而是带着高科技为人类造福的行业。不要小看高科技农业的力量和发展趋势。以色列国土面积只有1.49万平方公里，而且是在沙漠地带，但以色列人却建立起了全世界都吃惊的农业。以色列的农业产量几乎每10年翻一番，以色列的奶牛单产奶量居世界第一，平均每头产奶10500公斤；鸡年均产蛋280个；玫瑰花每公顷300余万枝；棉花单产居世界之首，亩产近千斤；柑橘每公顷年产80吨；西红柿每公顷单产500吨；灯笼辣椒、黄瓜、茄子等蔬菜单产也为世界最高；甚至每立方水域养鱼的产量也高于0.5吨……

任谁也想不到这样一个沙漠地带居然成了全球农产品出口大国，每年往国外出口水果、牛奶、鲜花等农产品，产值高达4.5亿美元，牢牢占据着欧洲40%的农产品市场。以色列就是用极高的科技来实现这一切的，他们有世界上最顶尖的杀虫技术、节水技术，等等。其实我国的农业也一直在追赶着世界潮流，在某些方面也取得了很不错的成就，未来达到以色列农业的高度也不是没有可能。所以沈南鹏的投资充满了先见之明。

有句老话是这样说的："想常人所不曾想，做常人所不敢做，故能成大事。"沈南鹏做投资，决不是做投机主义，看什么能赚钱就投什么，沈南鹏有自己的标准和眼光，他给红杉中国带来了不一样的风格。

6.布局动漫市场，让"虹猫蓝兔"红遍中国

如今国产动漫已经呈现高速发展的势态，2015年上映的动画电影《西游记之大圣归来》票房突破7亿，成为华语动画电影最高票房，而且影片好评如潮。这说明国产动漫产业已然迈入了蓬勃发展的时期，并将持续高速发展下去。而沈南鹏对中国动漫的投资早在2006年就开始了。

2006年，沈南鹏荣获CCTV中国经济年度人物，他上台领奖的时候说了这样一番话："我女儿在香港，接触的都是国外卡通动物的形象，我每次在中国各地出差的时候，都想给她挑选一些有特色的中国卡通玩具，但每次都会空手而归。曾经让我们激动、给我们很多启迪的齐天大圣到底哪里去了？这萌发了我投资有中国特色动漫产业的梦想。"

2007年，沈南鹏在清华大学参加CCTV2《财富论坛》节目的录

制，他再次感慨道："我女儿每天喜欢的卡通形象就是迪士尼的米老鼠和小熊维尼，我感觉中国市场上缺少代表中国文化的卡通形象，所以我要寻找最有实力的卡通公司，帮助它一起成长。"

沈南鹏办公室里就摆放着几个卡通玩具，正是当时火热的"虹猫蓝兔"，这几个玩具的诞生跟沈南鹏有着密切的关系。2006年，红杉中国投资宏梦卡通750万美元，双方共同组建宏梦数码有限公司，开拓"虹猫蓝兔"卡通周边产品，并迅速地推广到全国。

宏梦卡通传播有限公司成立于2004年。相较于美国、日本的动漫，中国动漫要远远落后。1877年，世界上第一部动画片诞生，目前全球动漫产业年总产值达5000亿美元，成为继IT产业之后又一飞速发展的新兴产业。其中，美国以迪士尼、皮克斯、梦工厂等为代表的动画业产值达500多亿美元，日本的动画产业产值也超过2万亿日元，是全球动漫大国。

不过，美国、日本动漫市场已接近饱和，拥有最大潜力的还是中国的动漫市场。因为中国的动漫市场还有待开发，很多嫌动漫产业既辛苦又不赚钱的从业者都纷纷放弃了。这种恶性循环导致国内的动漫产业持续低迷。宏梦卡通公司创始人王宏对动漫产业充满热爱，他说："20年来我只做了一件事，那就是卡通，当把蓝猫做好了，我认为我也可以离开去做另一番事业了。"其实当时已经有好几家风投公司跟王宏接触了，王宏最终选择了红杉中国。他解释道："选择红杉是因为我们的理念更加接近，红杉投资的多是前期的企业，他们看中的是未来长期的发展。"

投资宏梦堪称是红杉中国的第二大手笔，沈南鹏表示，红杉的投资对象决不只限于IT企业，他关注的是所有高成长型潜力企业，而且红杉坚持"团队才是投资的最大亮点"，将人作为风险投资的关键。卡通行业是一个飞速崛起的新兴产业，宏梦的管理层是一支被市场证明过的成功团队。

众所周知，动漫界是非常烧钱的，烧钱程度甚至不亚于互联网界。可能有人对此不以为然，那么来看一下好莱坞著名动画片《功夫熊猫》的例子。《功夫熊猫》一秒的动画由24帧画面组成，而一帧画面有时需要一组渲染工程师花一周时间，一部100分钟的电影算下来是144000帧画面。800人的动画工作室工作半年薪酬近1500万~2500万美金，而一般的动画片制作需要1年多，像《功夫熊猫》这类做工精良的动画制作周期就更长了，总制作费都要达到1亿美元以上，这还不算电影的宣传费用。

所以说摆在国产动漫面前的难题就是没钱，人才就很难进入这个行业，剧本创作、动画水平其实不差，而是很多家动漫制作公司没有资金，苦苦支撑一段时间，然后只好倒闭。

所以沈南鹏投资国产动漫公司，这样的举动很让人敬佩。宏梦卡通也没有让沈南鹏失望，他们参考迪士尼的市场例子，拓展收入的渠道，如动画片制作，也创办媒体，就像迪士尼的56个频道一样，还有主题乐园等。动漫不只是一部动画片而已，还有很多衍生产业，这些也是动漫收入的重要渠道。

王宏分析说："在中国，电视台收购动画片的价格非常低，如果只靠这一种方式盈利，根本连成本都收不回来。"因此采用迪士尼模式进行延伸，能够为国产动画片找到新的道路。

红杉中国给王宏的时间表是到2008年做出成绩，没想到《虹猫蓝兔》在2006推出后大受欢迎，得以在中央电视台少儿频道黄金时段播出，同年该剧获得中央电视台少儿节目及动画精品国产动画片一等奖。2007年，由该剧改编的同名画册销量超过千万，王宏和他的宏梦卡通实现了自己的梦想。

沈南鹏也很高兴，不光是因为投资得到了回报，还因为如他在2006年CCTV中国经济年度人物颁奖典礼上说的，他想为中国的孩子们做出一点国产动漫的愿望实现了。

7.下注众合保险，加速行业整合

2006年，红杉中国基金投资中国众合有限公司1000万美元。众合能拿到这么大一笔投资，跟沈南鹏有很大的关系。

早年沈南鹏在德意志银行任职的时候，就跟众合董事长郑磊有过合作，只不过当时郑磊创办的是中促经济有限公司。沈南鹏当时就对郑磊这个人印象深刻。1999年，郑磊投资数千万元与中国贸促会合作创办了中促公司，对原来的业务进行重组。

当年的股市非常火爆，但是郑磊的公司很快就遭遇了资金流崩溃，郑磊想进行融资，但是根本没有这方面的经验，感到十分乏力和无奈。那时的沈南鹏正担任德意志银行中国资本市场主管，有着丰富的融资经验。郑磊跟沈南鹏接触之后，两个人一拍即合，立即展开了合作。

　　郑磊后来回想说："1999年我和沈南鹏前前后后合作了约一年，我们之间的中外投资文化差别很大，既有碰撞，也有交融，到最后大家成了朋友。沈南鹏后来创办携程、如家，其间中促因融资失利关掉，我也开始思考和学习，持续了一年时间，暂别了商界，也就跟沈南鹏好几年没联系。"

　　随后两个人分别走上了各自的道路：沈南鹏创办了携程、如家；郑磊则在2003年东山再起，他在山西太原成立了一个中保代理公司，进行保险销售体系局部市场的试验，经过一年的奋斗，取得了不小的成就。此外，郑磊的商业天赋得以充分发挥，他在公司仅成立一年的时间里就从太原进京，成立了北京联众保险代理公司，销售收入达到了4000万元人民币，连续两年实现销售增长达到300%的高水平。

　　郑磊此时已经知道沈南鹏正式做投资，成立红杉中国了，但他没主动找沈南鹏，尽管那时候的郑磊急需融资。倒是美林亚太中国区主席刘二飞跟沈南鹏打电话的时候，说了郑磊的众合正在谋划融资。挂断电话后，沈南鹏立刻就给郑磊打了电话，沈南鹏直言道："老郑，谁说我们只投资新技术企业了？我们什么都投。其他几家风险投资你不用考虑了，我来做你这个案子。"

郑磊接到沈南鹏的这个电话也非常高兴，因为他跟沈南鹏有着多年的友谊，彼此之间交流没有障碍，而且沈南鹏创办携程做得如此成功，也充分说明了沈南鹏是个优秀的人才。当天晚上沈南鹏就让郑磊把意向合同传真给他，结果倒是郑磊犹豫了。因为当时郑磊已经接触了几家知名的风投公司，如IDG风投的林东亮、宁君，弘毅投资的赵令欢、邓喜红，他们都在跟众合公司接触，据说当天弘毅投资甚至已经准备好机票来签约了。

郑磊经过一番思考，还是打算跟沈南鹏合作。最终沈南鹏赢得了来自好朋友的大单，郑磊也得到了红杉中国的投资。沈南鹏对郑磊有着充分的信心，一方面是因为当时中国的保险深度仅为3.4%，远低于世界发达国家水平，保险行业有着巨大的发展潜力；另一方面通过接触可以看出郑磊是个极有能力的创业人才，他的中国众合有限公司短短几年就发展成全国最大的保险中介公司之一，已经在北京、上海、广州、深圳、重庆、武汉、杭州等地都开展了业务，其在2005年保费收入就达到了1.2亿元人民币，在北京保险中介中排名第一。

沈南鹏认为，保险中介行业的迅速发展将成为中国保险业健康快速发展的重要标志，而且众合走的是携程的道路，向电子商务要效益，这也让沈南鹏感到很亲切。所以沈南鹏才会这么迅速地进行投资，他认为机不可失、时不再来，好在并没有失去这一次重要的投资机会，反而在该领域的投资中占得了先机。

第十二章 凭借犀利的眼光，"投资教父"弹不虚发

1.沈南鹏的投资风格——快、稳、准

沈南鹏的投资风格是快、稳、准，这三大特点一直被人津津乐道，倒不是这三个特点很稀奇，谁都知道做投资要快、准、稳，但是把三者集于一身的投资人并不多，沈南鹏就是把这三者融为一体的人。

其一，投资快。

有圈内人评价沈南鹏是"进入快，收益快，成名快，笑脸快"，看准了目标就迅速出手，毫不犹豫。红杉中国在成立不到一年的时间里就已经投出去几千万美元了，先后出手奇虎、大众点评网等公司，还有穗彩、悠视网、利农、宏梦、万普世纪、康盛创

想、互动通、文思创新、51.com和综合、点视传媒、占座网、高德等20多家企业。

沈南鹏投资快，是因为他思考快，再快的投资都经过了充分的考量，沈南鹏的厉害之处就在于他做出正确的判断快，所以才能投资快，在别人还搞不清项目模式的时候，沈南鹏已经带着钱签合同去了。

其二，投资准。

这个世界上的风投公司没有一家是百发百中的，甚至投资10个公司，有3个上市就已经算是非常傲人的成绩了，即便是红杉这种老牌投资公司。商界是千变万化的，所以这就更加考验投资人的眼光了。

沈南鹏首先要看投资的企业有没有潜力。他在2005年时说："判断市场规模有多大，最好通过科学的数据去验证。比如如家，现在有200家酒店，但经济型酒店的市场空间很大，可能有2000家、3000家的发展规模。"

还要看企业是否有独特的商业模式。沈南鹏表示："判断商业模式是不是有吸引力，可以去找他的客户调查了解，因为客户最有发言权。"

最后还要看创业团队是否足够优秀。沈南鹏说："判断团队的执行力，虽然没办法对团队进行心理测试来判断其强弱，但可以选择不同场合，与他的团队进行访谈和多次接触。比如在宽松的环境里谈个人经历，或在正式场合谈公司的一些细节，从中去了解对方。"在沈南鹏看来，企业的成功是团队合作的成功，而且这种成功往往是在很多管理细节上有突破或改进。

投资考验眼光的准确与否。当年徐小平离开新东方创立真格基金，也开始做天使投资人。创立聚美优品的陈欧当时还在做游戏网站，徐小平就投资了18万美元。游戏网站倒闭后，陈欧就想做女性消费垂直电商，徐小平又追加20万美元投资。等到2014年聚美优品上市时，徐小平当年的投资已经翻了数百倍。正是好眼光带来了好收益。而沈南鹏的眼光更要在徐小平之上。

其三，投资稳。

仅仅在成立的第一年，红杉中国就接到了1000多份商业计划书，沈南鹏整日忙着几地奔波，不停地跟客户见面、谈生意。虽然赚钱的项目不少，但是沈南鹏有自己的投资原则，一些企业虽然很赚钱，但如果违背了原则，他也不会去投资的。

沈南鹏说："我们投资一个企业，很少考虑它什么时候IPO，我们首先考虑这个企业未来5年甚至10年会有怎样的发展轨迹，它能否成为那个细分市场的领先者，是否有持续成长的潜力，而不是一年两年的快进快出获利，从一级二级市场套利。"

红杉看中的并不只是能否赚钱的问题，而是看重商业模式是不是有创意、团队是否优秀。沈南鹏更加看重的是会不会对中国的市场有帮助，就像谷歌和雅虎一样，成为一代企业的风向标。

沈南鹏说："我认为资本可能是无情的，但是资本的管理者必须有情，必须有社会责任。我们这样的资本就应该扶持中国的中小企业成长，再创造几个携程、如家。为什么携程、如家对社会有帮助、有价值呢？首先它们是透明和盈利的企业。每家都雇佣了四五千名员工，每年给国家交很多税，更重要的是它们打造了一个民族品牌，它们给中国的消费者提供了优质的产品和服务。"

沈南鹏还表示："我们这个行业是在服务两批客户，首先是必须服务投资人，投资人把钱交给你是一个重要的托付，但要想获得高回报，必须服务好另外一批人，就是你投资的企业。作为一个好的投资人，他不应该仅仅是用钱去帮助一个企业，更应该将自己的资源带去，这是一个投资人很大的责任。"

在沈南鹏带领下的红杉中国并不急于回报，关键在于稳，力求帮助企业站起来，并做成百年企业。

2.慧眼独识江南春

江南春，分众传媒创始人，当年江南春大学刚毕业的时候在永怡传播做总经理，在一个偶然的机会江南春看到了一个在电梯门上贴着的小广告，他突然意识到楼宇电梯口广告的价值，再加上各方面时机也成熟，于是成立了分众传媒。

分众传媒对于江南春来说是事业的起点，而对于沈南鹏来说则是一次投资亮点。据说，沈南鹏跟江南春吃了两次饭，然后沈南鹏便开口道："那么让我也做股东吧。"此时的沈南鹏还未成为红杉中国合伙人，还是携程和如家的掌门人，他就已经开始了个人投资。

沈南鹏和江南春成了朋友，沈南鹏也成了分众传媒唯一的独立投资者和独立董事。江南春是这样理解的："我们并不需要个人投资者的钱，但沈南鹏独特的个人经验对公司有很大的附加值。"

江南春为什么被沈南鹏看重呢？沈南鹏投资主要看人，而江南春身上所表现出来的气质吸引了沈南鹏。江南春在大学时就是学生会主席，这个人精力十足，对公司的每一个细节都严格把控，而且讲话也特别有感染力，以有疯狂的工作状态著称。沈南鹏在上海创业的朋友不下几十个，但是他只投了江南春一个。沈南鹏看中的就是江南春这个人。

沈南鹏说："个人投资存在着一个很大的问题，就是没有时间和精力对创业者以及企业的商业模式进行全方位的详细考察，投资一个企业基本上是由于受到了创始人的感染。"

没错，沈南鹏被激情四射的江南春感染了，但江南春不是那种只会说空话的创业者，他带领着分众传媒在中国广告界不断地攻城略地，江南春还获得了2005年"中国当代杰出广告人"的称号。最重要的是2005年7月13日，分众传媒成功登陆美国纳斯达克市场，成为海外上市的中国纯广告传媒第一股，并以1.72亿美元的募资额创造了当时的IPO纪录。一夜之间，江南春的身价暴涨到了2.7亿美元，正在人们赞美江南春创造财富奇迹的时候，江南春却打电话给沈南鹏介绍上市情况，而沈南鹏回的第一句话就是："我认为应该干一件事，就是马上收购聚众。"江南春随即照做，此后每遇到重大决策时，江南春总要给沈南鹏打一个电话。

聚众传媒是分众传媒在平板电视广告市场的主要竞争对手，聚众传媒的出现打乱了分众传媒的节奏，此时聚众传媒已经在全国占据了很大的市场，所谓一山不容二虎，两家公司必然要有一番争斗，然而沈南鹏给出的策略就是直接收购。本来聚众传媒想要在分众传媒上市后也去美国上市的，但是江南春在分众上市后立即行动，直接向聚众传媒付9400万美元的现金，以及价值2.31亿美元的新股票，取得聚众传媒100%的股份。

沈南鹏慧眼识珠，他当初投资分众传媒的时候，就预言"一年赢得10倍回报"，当然也遭到很多质疑，但是沈南鹏都付之一笑。分众传媒没有让他失望，飞速发展的势头始终不减，预言自然成了现实。直到如今，沈南鹏仍是分众传媒唯一的个人投资者，也是唯一的独立董事，江南春明白自己懂广告业务，沈南鹏长于资本运作，用分众传媒的股权换沈南鹏的经验是非常合算的。

3.风险投资三原则

有人好奇沈南鹏带领的红杉中国为什么就能够慧眼识珠，投出来那么多家上市企业。这背后必然有着很多关键因素，如红杉资本多年的投资嗅觉和经验，沈南鹏以及团队的优秀能力，是一个资源整合的体现。沈南鹏说自己受责任心驱使不会放过项目的任何一个细节，从前期的行业调查分析，到最终选定某一个投资项目，整个过程都充满来自各方的压力，这使他丝毫不敢倦怠。

不过，沈南鹏倒也公开过自己的投资三原则，为创业者指点迷津。沈南鹏表示，尽管每个公司所在行业、现状及所处阶段不一样，但是总体来讲，项目选择是对行业、创业团队、商业模型的多层次考察的过程。能最终被选定的公司都要满足他的三大原则：

一、巨大的市场空间

一个巨大的市场空间就代表着该行业里的企业有迅速成长的空间，红杉中国要投资的是海洋里的大鱼，而不是池塘里的大鱼。因为，尽管池塘里的大鱼可能也比较大，但是它的局限也很大，难以跳出小小的池塘。

红杉中国有自己的科学数据库，能够帮助判断市场规模有多大。像当年如家刚成立的时候，中国经济型酒店这一块可能有几千家店的发展规模空间，所以沈南鹏要做如家；到现在，这块市场已经趋于饱和了，所以现在的如家没有投资这种酒店。

对于投资人来说，甄别总体空间、上升空间最大的行业，是投资决策正确的关键。正如沈南鹏所说："一个行业，它现在正处于发展当中一个怎样的阶段，是否具有爆炸力？这个行业整体规模有多大？这些是进行投资决策的依据。"

除此之外，行业统计数据、相关法律法规、地方政府的支持态度等，都要作为考察对象。

二、出色的创业团队

这一点可以说是沈南鹏最看重的，沈南鹏很看重跟寻求投资者面对面交谈、吃饭的过程，他认为这样的过程才真正能够考察对方的素质。比如，沈南鹏投资周鸿祎和陈欧，看中的就是两个创业者能力突出，能成大事。

沈南鹏看重创业者的能力，看重创业团队的素质，他表示在"创业者能力"和"创业者精神"的选择上，优先选择创业者精神，只有创业者有真正的品质和美德，他的能力才能够得以发挥，否则可能会被滥用。

也就是说，在素质和才能之间，沈南鹏更加注重创业者的素质，如果一个创业者能力特别突出，但是素质并不好，沈南鹏是不会投资的。俗话说"事在人为"，在如今的创业环境下，很多时候比拼的就是创业团队的能力，能力高的才能够适应市场竞争、存活下来。

三、独特的商业模式

在如今市场同质化严重的情况下，独特的商业模式就显得更加难得，无论是消费者还是投资者都需要一些独特的商业模式。可以说辨别各种商业模式，从中找出真正独特或者稍微改进的模式，是风险投资的精髓所在。沈南鹏说："人靠谱，能力强，但是提出来的商业模式满大街都是，投资人会投你吗？即便你的商业模式很牛，但是在抄袭盛行的环境下，如何保证不被对手拷贝？这就需要在商业模式下还要有无数独特的idea。"

换句话说，创业者要是能够拿出来一个前所未有的、可行的独特的商业模式，哪怕创业者只有一个人，只有几页商业计划书，也会让投资者义无反顾地投资，甚至还会帮该创业者进行试验，提升创业者能力，为其配备专业团队，等等，李开复的创新工场就是这样。

沈南鹏还分享过他选项目的六条秘诀，跟上面三项的本质是一样的，只不过更细化一些。沈南鹏的这六条秘诀分别是：看人、模式、执行力、客单量、效率、数据。

沈南鹏说创始人和团队的能力很重要，但更重要的是人要靠谱、诚信，不要忽悠投资人。谈到执行力时，他是这样说的："这是决定创业公司在初创期后能否融到钱的关键节点，因为没有执行力，所有的idea、所有的远景目标都是空谈，如果你要创业或是正在创业，请一定找一个执行力强大的合伙人。"

还有客单量，沈南鹏表示，之前所有的因素都会在客单量上表现，如团队、模式、执行力等，而这个时候只要客单量足够好，融资就不成问题。可以看出投资者对于创业团队的要求是很高的，尤其是想要得到红杉中国这种顶尖风投公司的青睐，更要方方面面都具备出众的品质才行。

有记者问沈南鹏："投出了这么多优秀公司是不是很满足？"沈南鹏点头，但又说："不过，最重要的是满足我的第一情结。"沈南鹏的第一情结是"希望红杉资本是第一个介入融资企业的投资机构，能够最大限度在财务和业务发展上为所投资公司提供帮助"。

沈南鹏曾经很是欣慰地说："风险投资是一份很有满足感的工作，会不断接触新的企业家，他们分处不同行业，有各自的精彩故事。跟他们打交道，和他们一起做事，有种新鲜感和满足感。有时大家聚聚会，都感到很快乐。"

4.领域无边界，投资不要回避"红海"

沈南鹏的投资特点是不拘一格，但这并不代表他乱投，他反而比其他投资者更加有原则。从2002年开始，沈南鹏还没踏入红杉资本的时候就已经开始了个人投资。他认为投资不仅要对行业进行研究，更主要的是对人的判断。在沈南鹏看来，好的创业者比好的商业模式更加值钱。

当年，沈南鹏还投资过房屋交易网站金丰易居。金丰易居是房地产门户网站，背后还有着实体支持，拥有独特的"网站+网点"经营模式，在上海是首屈一指的房地产交易中心，在当年也是全国唯一的房地产流通板块的上市公司。

沈南鹏看重的是金丰易居的经营模式不同于其他流通服务企业。金丰易居网统一信息发布、交易管理、服务保障，真正实现了资源共享，还整合了无形网站和有形门店的综合优势，覆盖了全国八大城市，在房屋代理、房屋销售、租赁、家庭装潢等产业上，都是全国新兴的模式。

2007年，易居中国宣布在纽约证券交易所正式挂牌，以开盘价18.12美元计算，总市值达13.593亿美元，这是继携程、如家之后，沈南鹏以个人身份投资的第三家企业成功在美国上市。

沈南鹏在接受采访时表示："应该说，2004年的时候易居中国是很有代表性的一家房地产中介公司，当时国内的房地产服务市场相对比较分散，而以易居中国为代表的企业则推动着整个行业向专业化方向发展。"

投资这个行业对于大部分人来说是很神秘的，很多人并不懂投资人每天的工作到底做什么，尤其觉得投资这活简单，无非就是看什么能赚钱就投资什么。其实不是这样的，投资可是个技术活。

2014年，阿里巴巴上市前夕，收购、并购动作频繁，投资活动达到几十起，而且一些与电商看似毫无关系的投资让众人直呼看不懂，比如投资恒大足球、入驻优酷。

阿里巴巴投资社交类的有新浪微博、陌陌、UC、来往；物流类的有百世物流、星辰急便、菜鸟物流、日日顺物流、新加坡邮政、中国邮政；文化类的有虾米网、文化中国、华数传媒、优酷视频、恒大足球、21世纪传媒；除此之外还有口碑网、丁丁网、美团、快的打车、银泰百货、高德地图；等等。

阿里的布局看似让人摸不着头脑，实际上是有自己的逻辑在里面的，收购一些公司可能现在用不着，但是不代表以后阿里不会涉足这方面的领域。

投资是一个谋划全局的过程，马云曾经说过一句有名的话，大意是盖楼不是一下子大楼就出现了，而是先去买一些沙子、水泥等建筑材料，旁人看来不知道要干什么，等大楼的雏形显现才会恍然大悟。

5.赌赛道不如赌选手

在接受媒体采访时，沈南鹏表达了红杉中国的两种投资理念：买赛道和买选手。买赛道其实是红杉资本一项历史悠久的风格，红杉第一代投资家代表唐·瓦伦坦曾经发表过"赌选手不如赌赛道"的论断，第二代中的佼佼者迈克·莫瑞茨对此的解释是："唐指出的是一个小公司运用有利的市场趋势的重要性。当你背后有风推着你跑时，你总能跑得快些。"

红杉中国就在中国布局了一整条电商赛道，甚至被戏称"连场子都买了"。沈南鹏是如此介绍的："2007年开始布局电子商务，从阿里巴巴到京东、唯品会、聚美优品、美丽说到蜜芽宝贝，电商知名企业我们几乎都参与了。2008年布局影视娱乐，投了万达影院、阿里影业、博纳影视等。2009年开始投云计算大数据。2010年开始投O2O，从美团、大众点评网、饿了么到赶集，也占了一定市场份额。相关的物流行业也投得很好，中通快递、德邦物流、安能、郑明物流等。2011年开始投了一批互联网金融。"

2008年左右，红杉中国迅速崛起，完成近200次投资活动，京东商城、唯品会、聚美优品、途牛网、百奥家庭、酒仙网、拍拍贷、乐蜂网……几乎所有电商融资的故事里都有红杉中国的身影，所以被称为"买下了中国电子商务赛道"。除此之外，还有旅游出行、互联网金融等几条赛道，红杉中国大手笔在中国"投资赛道"。

跟红杉资本的理念不同，沈南鹏的观点是：在中国赌选手来得更重要一些。他表示："换句话说，一个好的赛车手不能跑到一个无间道里去。"因此，沈南鹏坚持要跟被投资公司负责人见面、开会，甚至吃饭，他尤其注重前几次会谈，留给沈南鹏的印象能直接影响他的投资决定。

在美国，由于行业集中于半导体、互联网、新媒体，市场基本成熟，了解渠道足够充裕，第一次和企业家见面会谈，红杉资本美国同行只需要一小时左右，之后就能得出一个初步结论。而在中国，他们通常要比美国同事花更多时间与创业者交流，因为在行业内人脉资源有限、了解渠道稀少的情况下，甚至还要谈一谈有关家庭、生活等方面的情况以获取更多的信息，以便判断一个企业的领导人是否值得投资。

沈南鹏把对人的考量放在第一位，他觉得在中国"赌选手甚于赌赛道"。沈南鹏说："赛道很重要，一个行业如果没有大的发展前途，公司很难成功。但在赛道和赛车手之间，绝对是赛车手最重要。因为赛道可能会变，好的赛车手会寻找新方向。"沈南鹏要观察创业者或企业家的年龄、教育背景、经历、人格等方面，所以红杉中国要投资一个项目需要3个月到半年的考察时间。

沈南鹏还投资过3个不被人看好的企业，分别是乡村基、东方风行、诺亚财富。3家公司的掌门人都是女人，投资界普遍不看好，而沈南鹏却不这么认为，甚至对这三人赞不绝口。原因就在于沈南鹏对这3个人的观察。乡村基的李红在香港进行路演时，带着团队住在一家非常便宜的酒店里，这让沈南鹏感触颇深，并称"李红身上鲜明地反映出创业者的典型基因"，李红也正是用低调、勤奋和务实将乡村基带到海外上市。

2007年，红杉中国投资诺亚财富，当时诺亚财富才创立3年，净利润只有几十万美元，但是沈南鹏对诺亚团队的评价是"激情、专注、诚信"，对这个团队很是信赖。"沈南鹏一来诺亚财富，就对我们诺亚财富的向外开拓市场做了很多的指引。"于江淳说。沈南鹏用连锁的经营方式开拓了诺亚财富的发展思路。到2011年9月30日，诺亚财富在上海、北京、广州、青岛、成都等53个城市设有分支机构，拥有具备证券、基金、保险、理财规划师执业资格的理财师500余名，平均有6年左右的从业经验。2010年11月10日，诺亚财富成功登陆美国纽交所，成为国内首家在纽交所上市的独立财富管理机构。

而投资东方风行，沈南鹏给出的解释是：看中了李静的个人品牌价值和卓越的领导能力。而今，东方风行的路径渐次清晰，它已经从一家影视制作公司转型为引领中国时尚生活方式、集内容提供和商品开发推广于一身的新型跨媒体公司，而且上市可期。

这就是沈南鹏的投资逻辑，以人为主，投优秀的团队，来扩大投资优势、保障投资的回报率。

6.竞争是快鱼吃慢鱼

沈南鹏曾经感慨："经济发展得太快了。"的确，10年前在《福布斯》排行榜上，中国互联网界的企业家并不多见，如今却不胜枚举，阿里巴巴的马云、腾讯的马化腾、百度的李彦宏、小米的雷军，等，比起外国富豪来毫不逊色。在这一场市场竞争中谁也无法确定某个企业就是下一个BAT，所以沈南鹏作为风险投资人要做的就是，在企业还是雏形的时候就发现其潜力并对其进行投资。

不过，这个时候的被投资企业可能会因为CEO能力不够、模式不行等情况夭折，而沈南鹏的任务就在于对此做出甄别。曾经有一位投资行业的人这样评价沈南鹏："沈南鹏有胆识在姚明5岁时就对他进行投资，而我可能在姚明20岁时都不敢做出投资的决定。"

其实从某种程度上来说，沈南鹏是不得不如此快地做出决定，尽管他是一个谨慎认真的人，但是市场变化太快了，稍有反应迟钝就会错失良机。沈南鹏曾经说过："在中国所面临的环境瞬息万变。在互联网和移动互联网的新经济下，竞争已不完全是大鱼吃小鱼，而是快鱼吃慢鱼。我们要做的就是帮助他们成为快鱼并在竞争中获胜。"

"快鱼吃慢鱼"最早的提出者是思科CEO约翰·钱伯斯，他认为："在互联网经济下，大公司不一定打败小公司，但是快的一定会打败慢的。互联网与工业革命的不同点之一是，你不必占有大量资金，哪里有机会，资本就很快会在哪里重新组合。速度会转换为市场份额、利润率和经验。"

关于这一理论有真实案例做支撑：当年加拿大将枫叶旗定为国旗，就在决议之后的第三天，日本生产的枫叶小国旗和玩具就出现在加拿大市场，销售异常火爆，而加拿大的厂商却坐失良机。

对于沈南鹏来说，投资也要快。面对一个项目，是观察一阵子还是立刻做出决定？观察一阵后依然无法确定，要不要继续考核？寻求投资的企业可不等人，若是项目比较抢手自然就是先到先得。

2008年，在金融危机的影响下，红杉中国的投资也更加谨慎，这个时候京东开启了第二轮融资，沈南鹏说："当时2008年金融危机，京东的运营数字没那么好看，线下的竞争对手苏宁、国美很强大，商业模式实现好像遥遥无期，这个企业到底怎么做出来，我们有很多问号。当时我们把它pass掉。2010年花了很多的成本才再成为其股东。"

沈南鹏也自称后悔，这充分说明了在投资领域中的竞争是十分直截了当的，谁能最快最准地投资，就能够获得最大的回报。

无论是企业家还是投资人，都应当保持敏锐的嗅觉，能以最快的速度感知到市场的变化，并且能够以最快速度做出判断，这是对于企业家和投资人的一个最基本要求。因为市场是瞬息万变的，这一秒你可能还在犹豫不决，但是下一秒机会就被别人抢占了。正如非洲大草原上的动物，当它们一开始迎着太阳奔跑的时候，狮子知道如果自己跑不过速度慢的羚羊，就会饿死。而羚羊也知道，如果自己跑不过速度最快的狮子，就必然会被吃掉。

简单来说，"快鱼吃慢鱼"就是一种抢先，做企业、搞投资要能处处抢先才行，每抢先一次就会把优势扩大一次。时间早已经证明，在其他因素相同的情况下，谁先抢占商机，谁就会取得最后的胜利，所以说抢先的速度已经成为竞争取胜的关键。以闪电般的速度做出行动，正所谓"机不可失，时不再来"，能意识到并且做到这一点的企业家或者投资人，将会在市场竞争中获得非常大的优势。

资本市场就如同汪洋大海，大海里体型庞大的鲸已经过时了，取而代之的将是游速飞快的流线型身躯的鱼，不断地穿梭在海洋里捕食猎物。

7.投资家必须会拒绝

有人形容中国市场是遍地黄金，在中国经济不断腾飞的背景下，各行各业都出现了蓬勃发展的态势，只要你有钱，不愁找不到项目。但是在这样的背景下，投资人就面临着一个选择：是不是什么项目都能投资？

口袋购物2011年成立，2014年APP上线，完成了三次融资：2011年获得经纬中国约1200万美元的A轮投资，随后在2012年B轮融资中获得华平投资超过千万美元的投资，加上2014年C轮以腾讯为首投资的3.5亿美元，三次融资总计接近4亿美元。

口袋购物创始人王珂曾经透露早期就跟红杉中国有过密切接触，但是红杉中国却一直"拖"，一直不决定到底投还是不投，最终王珂选择了经纬中国。此事在当时一度引起了热议，都说沈南鹏"走了眼"，如今眼看着口袋购物估值过10亿美元却分不到一杯羹。

其实沈南鹏有自己的考虑，他觉得现在的微商还未真正形成气候，口袋购物规模空前的融资也无非是在微商的概念被炒上天的背景下的"泡沫"。现在大家购物还是上淘宝、京东等大门户网站，调查显示有90%的人没听说过口袋购物，更没使用过。微商的未来不确定，尽管国内各大巨头都在这方面积极部署，但是对于当年口袋购物还不成熟时，张口就要1200万美元，沈南鹏不会同意。

作为善于"买赛道"更善于"买选手"的沈南鹏，当年中国电商大战中，极少数几家上市的企业都是沈南鹏投的，尤其是几家团购网站，他所关注的更是一种大趋势。沈南鹏甚至对互联网表示过担忧，原因是他看到互联网市场中存在的投资泡沫，投资人普遍乐观的现象，甚至红杉中国投资的几个项目也达到了上亿美元，沈南鹏却说："看到这个数字我没有那么兴奋，我其实有很多担忧。"

懂得拒绝是一个投资家必须具备的基本品质。沈南鹏从来不挣所谓的"快钱"，即便是可能某个项目看上去特别火热，投了钱立马就能有翻倍的回报，沈南鹏也不会被利益冲昏头脑，他还是遵循自己的投资原则。

中国太阳能企业在无锡尚德赴美国上市后，短短一年多时间，有10来个太阳能企业相继掀起一股海外上市热潮。然后红杉中国就开始与这一行业进行接触，经过广泛接触后，红杉中国最终选择放弃。有人可能会问："太阳能行业现在多时髦啊，正是新能源发展壮大的时候。"沈南鹏给出了这样的答案："我们始终认为，一个高度依赖硅成本企业的前景值得担心。市场很好时，你以15倍甚至20倍的市盈率投资都可以，因为二级市场有50倍的市盈率在等着你。但这是不是我们应该做的事情？快钱要不要去赚？最终的结果是，在红杉的投资组合中，目前还没有一家太阳能企业。"

沈南鹏表示："红杉资本更看重给市场带来的贡献，就是发现并投资那些对所有投资者而言有价值的企业，而不仅仅是红杉资本退出时有很高回报的企业。围绕这一投资原则，快钱虽然具有诱惑力，但在红杉资本的视线之外。"

在很多外界人眼里，看到的是沈南鹏投资总是"一下子就选对了"，殊不知他淘汰掉了多少不合适的投资。沈南鹏说："以前，当看到一种非常特别的商业模式时，就会忍不住想投。即便觉得它的CEO可能会有问题，但是就想实在不行以后换掉，就投了。结果，错误有可能就这样产生了。"沈南鹏在如何取舍之间变得越来越驾轻就熟，他通过自己过人的思维来剖析市场的大背景，做出正确的投资判断。

8.用创业者的经验做投资

沈南鹏曾深情地说过这样一段话："当下的中国能提供的最大机会是梦想成真。这是一个可以梦想成真的年代，当然在实现梦想的过程中你会碰到挫折，可能遭遇失败。但是如果你有一个好的创业想法，你有可能通过自己的努力来实现它，这在20年前不太可能，但是今天中国社会上每个人几乎都有平等参与的机会。"

这番话是沈南鹏曾经的创业经历加上后来做投资的感悟。他看到从20世纪90年代开始，中国市场成就了无数人的创业梦想，而且每天都在日新月异地发展着,这使得他颇为感慨。

2005年夏天的时候,沈南鹏决定告别创业家的角色。他在6月里与张帆开始谋划如何搭建一个专业性的创业投资平台。7月,他们在美国与红杉资本合伙人一拍即合,私订终身。8月4日,携程网正式宣布其总裁兼CFO沈南鹏辞职并将转入创投领域发展,"沈南鹏将和红杉资本合作,专注于中国市场的投资机会"。9月份,红杉资本中国基金正式成立。

沈南鹏回忆道:"当时我是在加州参加一个会议,认识了红杉的主要合伙人。由于我有过携程网的运营经验和以前投行的经验,张帆有出色的投资业绩,大家在一起谈得很投机,理念上很契合,于是,就共同成立了红杉中国基金。"

在加入红杉资本之前,沈南鹏就曾以个人身份投资了包括分众传媒、金丰易居、一茶一坐、岩浆数码在内的很多公司。沈南鹏创过业,对创业的流程、需求等比较熟悉,他说:"我感觉做这一行挺自信的。我始终认为我应该能够在这个行业里至少给自己交出一份满意的答卷,因为我有创业经验,以前我有投资银行经验,我为这个工作做了最好的准备。"

沈南鹏很看重经验,他在选择投资的时候不仅借鉴自己的经验,还会考察对方的经验。数据统计发现,红杉资本在过去两年投资的创业者,有三分之二都是二次创业甚至三次创业的人,这说明经验的积累对于创业来说至关重要。沈南鹏表示,过去红杉在早期投资的创业者包括航班管家创始人王江、美丽说创始人徐易容、美团网创始人王兴等，都是二次或三次创业，还有一些在创业型企业中担任高管的经历。沈南鹏说："他们走得更顺利、更快的原因是已经对产品、运营等有了第六感。"

沈南鹏认为，创业者在积累了足够的经验之后才能对产品有感觉，这种感觉是在现实中不断磨炼和提升的，特别是在创业实战中获得的经验，完成之后的分析和反思尤为珍贵，"经验的叠加在早期创业中非常重要，它能使创业者获得一种加速度，避免走更多的弯路，也能使创业者在大方向的判断上面有更好的把握"。

兼具创业者和投资者双重身份使沈南鹏所带领的项目成功概率相当高。沈南鹏希望用创业者的经验去做投资者，做"创业者背后的创业者"。他说："我个人的兴趣就在于运用自己在携程等企业任职期间所积累起来的经验，去帮助更多的中国企业快速、健康地成长。我觉得只有作为投资者才能最广阔地发挥我的才智。"

其实这跟"不当家不知柴米贵"是一样的道理，如果你什么都不了解，什么都没做过，给你手里塞500万美元，你也是不会投资，很容易把这500万打水漂。沈南鹏充分地把自己当年创业的经验运用在了投资领域。

丰富的创业经历使沈南鹏学到了很多投资者需要掌握的经验，这样能够很好地理解创业过程中的艰难，他认为："反过来作为投资者，就会比较容易帮助创业者们去成长。"这符合沈南鹏一贯的特点，把自己的优势放大，不做无把握的事。

沈南鹏当初跨入投资领域也是基于自己有过投行、创业的经验，而且个人投资也取得了不错的成绩，所以沈南鹏这才正式跨入投资领域，用自己的经验去帮助自己判断，帮助创业公司更好地发展。

红杉中国投资并不是投了钱之后就了事，还要后续跟进做很多工作。沈南鹏曾经这样形容："如果创业公司是一个司机，那么我们就是旁边的地图。"红杉中国是要做长久投资的，所以帮助企业发展也是理所应当的事情，沈南鹏的经验也就又有了用武之地。

第十三章　创业者背后的创业者

1.不急不躁，掌好公司成长节奏的舵

沈南鹏在一次演讲中说道："作为创业者，在这样的一个环境当中，如何把握好自己呢？我的感觉，一个公司的成长节奏是很重要的，当然我们看到了很多企业的发展，现在有一个加速，我记得上个礼拜在一个投资年会上，他们在说非线性成长，今天很多优秀企业家成长的速度，远超过了互联网早期时代。"

沈南鹏表示，一些发展没几年的公司就迅速上市，带给了很多其他企业家急躁的情绪，也希望迅速地建立自己的市场地位，也融一大笔钱，然后风光地上市。沈南鹏指出，在市场融资中有一些被夸大的成分，他表示很多企业家会把数字说大一些，并且把自己的

前景描绘得特别美好，借此谋求更大的利益。沈南鹏不赞同这种做法，他认为每一个企业家做企业都应该有责任心，都要朝着百年老店去做。

他表示融资是再正常不过的事情，但是在当下的环境中创业者缺乏清醒的头脑，"资金投入产出成本在长期是要算账的，并不是更多的资本就一定能够带来一个成功的企业"。沈南鹏告诫创业者们急躁地融资、急躁地上市，对企业是非常不利的。

相信很多人都很熟悉国内快递业巨头顺丰，都知道顺丰速度快、服务好，但是对这家公司的了解其实并不多。顺丰最有意思的一点就是不上市，顺丰创始人王卫在接受采访的时候表示："上市的目的无非是圈钱，得到成长公司所需的资本。顺丰也缺钱，然而顺丰不能为了钱而上市。上市后，公司就成为一个赚钱的机械，每一天股价的变更都牵动着公司的神经，对公司经理层的经营是没有益处的。我做公司，是想让公司持久地成长，让一批人获得有自尊的生活。"王卫表示，上市会让公司变得急躁，所以目前是不会选择上市的。

王卫很聪明，他对自己的企业有清晰的判断，他不会因为钱而让企业变得急躁，从而毁了企业，反而是一步一个脚印地逐步成为国内最大的民营速递公司，这种气魄是很值得敬佩的。

沈南鹏也告诫企业家们："作为一个企业家，我感觉还是应该把心态放得更加平和一点儿，要从长远看，需要融资并不是比较自己的资金是不是市场上最多的，而是要看资本效率是不是最高的，千万不要因为竞争而乱了自己的阵脚。"尽管"成长节奏"有些虚幻，让人摸不着头脑，但是知道每一个成功的大企业家都是把控成长节奏的专家，在他们的带领下，企业都有着不同的节奏，而最终实现企业腾飞的目标。

沈南鹏说："做一家企业还是应该抱着做百年老店的想法，我们今天投资了很多传统的行业，在传统行业当中五年十年打造一个品牌，打造一个企业是非常正常的。走得太快，拔苗助长，往往会给这个公司发展留下一些阴影，留下一些潜在的课需要去补，这种规律是没有办法改变的。"

一家企业的成长是有其周期和规律的，既不能揠苗助长，也不能磨磨蹭蹭贻误良机。这是一个比较考验企业管理者的地方，很多时候企业不是没有能力，而是没能找到正确的节奏，该扩张的时候选择了坚守，该坚守的时候盲目扩张，导致企业的节奏紊乱，最终崩盘。

2.不能只为自己赚钱而创业

接受某媒体采访被问到创业的感悟时，沈南鹏说道："商业模式固然重要，没有好的产业前瞻性，很难在竞争中生存下来，但是梦想更重要，不能仅仅为了赚钱而创业，梦想是很多成功创业家背后的根本动因。一个纯真的愿望，往往推动了很多伟大公司的诞生。"

沈南鹏在乎的是企业能够赚多少钱，而不是他自己能赚多少，否则当年有人出上亿美金收购携程的时候，他就把携程卖掉了，"捞"个几千万美金不成问题。但是沈南鹏并没有这么做，他的目标就是让携程成为国内第一，并且在纳斯达克上市，他认为那才是真正实现自己才能和抱负的方法。

最终携程和如家也没有让人失望，分别上市并在各自行业里取得了非凡的成就。当然随着上市，携程和如家也为沈南鹏以及股东们带来了巨大的利润，这正如沈南鹏所说的，属于附带的红利。

按照一般人的想法，创业不为了钱那还为了什么？其实如果创业只为了钱就大错特错了，一旦抱着为挣大钱的想法创业，很容易对企业不负责任，做出不好的事情。为钱创业具有极高的危险性，其危险性在于可能在面临更大利益的时候，做出损伤企业的事情。比如，当企业盈利不佳，有大公司前来收购的时候，那些为了钱创业的人就会把公司一卖，丝毫不管手下员工和其他股东的想法和可能遭受的境遇，自己拿着钱"继续创业"。

真正的逻辑是这样的：创业不是为了钱，但是企业一定要盈利，这是给股东和员工的交代。沈南鹏不重视自己个人的利益，而是重视企业的利益，做一切事情都围绕着携程和如家的利益，在此基础上甚至可以牺牲一下自己的利益。所以，沈南鹏总能在关键时刻为携程和如家做出重要的判断，使这两家公司渡过寒冬，迈入快速发展期。

沈南鹏不为钱创业，更不为钱投资，这保证了他对事物最冷静的判断。沈南鹏做事总是立足于比旁人更高的视角，不会把目光紧紧盯着钱。沈南鹏率领的红杉中国在投资的时候也是如此，他们不会问企业能够回报多少钱，而是问企业的商业模式是否独特、创始人是否有热情和能力，等等，这才是沈南鹏关注的东西，若是有创业者在沈南鹏面前吹嘘自己的公司将来有多大盈利空间之类的，沈南鹏反而谨慎了。

很多企业家谈合作的时候开口第一句话就是"我能赚多少？"一张口就暴露了本性，当一个企业家眼里只有钱的时候，他是走不远的。企业赚钱固然是需要的，但是企业能赚多少钱不是CEO说了算的，而是企业真正能够为这个社会创造出多少价值，如果只是为了钱而创业那就很难逃脱钱的桎梏，最终被钱所拖累。

阿里巴巴掌门人马云曾经说过："追着钱没有意义，钱是追人的，人要是追钱，一点儿出息都没有。"当年马云创办阿里巴巴的时候，真是看不到一丝盈利模式，他仍然要砸锅卖铁做一家互联网公司，他说："赚钱只是一种结果，它永远不会成为一个目的。而我们真正的目的是创办一家真正由中国人创办的、全世界感到骄傲的、伟大的公司。"而这个企业宗旨从未出现过"赚钱"二字的企业，现在成为最值钱的企业。

这也是沈南鹏的观点。沈南鹏认为当企业家把该做的做好，以客户为第一中心，最终该赚的钱自然就回来了。就像当年如家仅仅成立4年的时间营业额就过亿，并且在纳斯达克上市，这一切都是顺理成章的——当企业受消费者欢迎，得到市场认可，自然会获得应有的盈利，真正有理想有胸怀的创业者都是把企业为社会做出贡献为第一目标的。

3.风险投资是一个中长期的游戏

沈南鹏曾经这样评价过红杉中国："如果从美国的投资角度来看，红杉中国的投资分布是不可想象的，但这就是红杉中国作为'当地决策者'的意义。比如说，有些企业在美国属于传统行业，是没必要投资的，需要投资的是那些高新科技行业；但是在中国，很多行业才刚刚开始，未来有很大的市场，这需要我们去发现。"

红杉中国投资了很多这样的企业，如农产品、动漫产品、餐饮业等，代表企业是利农集团、宏梦卡通以及重庆小天鹅和乡村基。沈南鹏投资更在意的是某个行业是否有发展潜力。沈南鹏表示，没有完美的投资公式，但是站在高处能够获得更高的视野。所以沈南鹏才投资了很多其他投资公司不屑于投的企业，从最终的结果来看，沈南鹏取得了很不错的成绩。

沈南鹏做的是投资，而不是投机。他要做的是判断一个小企业或者刚兴起的行业是否有投资价值，然后进行一个中长期的投资。而不是像一些投资公司那样，在一个企业即将上市前夕投资，上市融资后立即退出，沈南鹏是不认同这种做法的。

沈南鹏说风险投资是一个中长期的game，要找好大致的方向。2008年，红杉中国逐渐在混乱的市场中找到方向，选定了电商、旅游出行、O2O和互联网金融四条道路，此后红杉迅速崛起，完成近200次投资活动，京东商城、唯品会、聚美优品、途牛网、百奥家庭、酒仙网、拍拍贷、乐蜂网……几乎所有电商融资的故事里都有红杉的身影，所以被称为"买下了中国电子商务赛道"。

说到底，沈南鹏在这一刻投资的不是京东、唯品会、聚美优品，而是电商。沈南鹏看中电商这一块有巨大的空间，非常适合做长久的投资。沈南鹏曾经给优秀的风险投资者下了一个定义："一个好的投资者能够在各种杂乱的信息中，做出最接近现实的理性判断。"在外界看来，红杉中国的投资目标很分散，但是沈南鹏不这么认为。详细来看有这么几个特点：

首先是消费品。沈南鹏认为从"made in China"到"consume in China"是大势所趋，所以沈南鹏投资了利农集团和匹克运动品牌。中国的消费品市场在迅速增长，这一领域是沈南鹏不得不重视的。除了消费品，红杉中国最重视也是几乎所有投资公司最重视的就是互联网及其衍生行业。

红杉中国的投资并不是毫无逻辑的，其实红杉中国一直秉承总部流传下来的传统，那就是做中长期投资，投资有巨大潜力的公司。比如，当年红杉发掘了PC领袖苹果电脑，互联网时代来临时，红杉又投资了雅虎和谷歌，在30多年的经营里，它投资了超过500家公司，其中130多家成功上市，另有100多个项目借助兼并收购成功退出。

这样的成绩也是沈南鹏希望做到的，那是他作为投资者的最高理想。

4.忽略客户需求，企业会走弯路

2013年，沈南鹏在接受《第一财经日报》采访时，讲述了自己对于投资人的理解，以及当初创立携程与如家时的心得。

沈南鹏表示："对于创业人来说，在乎的不应该是短期利益最大化，应该是企业利益的长期最大化。同时我觉得应该做正确的事，这是在任何一个国家创业必须坚守的准则，对于可以做什么、不可以做什么，在自己心里应该有一条非常明确的分界线，而且我觉得在中国的很多行业里，完全可以依靠自己的产品和努力获得成功，而不是靠踩灰线或者踩红线。"

沈南鹏表示，忽略客户需求，企业就会走弯路。尤其对服务行业来说，企业产品设计优先级大于体验优先级，产品做出来看上去很美，但是实际上用起来有诸多不便，消费者自然就会将其抛弃。

对于企业来说这就是走弯路，一则浪费了时间金钱研发产品，二则将消费者亲自"送"到竞争对手手里，逐渐地就会被甩在后面，实在不是明智之举。

沈南鹏说的"忽略客户需求，企业就会走弯路"，其实可以反过来考虑，那就是专注于客户需求，企业就会走对路。携程和如家一直用这个理论作为服务目标，在对的路上走，直到如今，携程和如家占据各自领域的半壁江山。

有诺贝尔奖得主曾经提出过"峰终定律"：人对记忆的体验分两个因素，是高峰时和结束时的体验决定了整个记忆体验，而过程中的体验好与不好，对记忆没有太大影响。

这个定律被携程和如家牢牢掌握在手里，携程和如家一直追求着细节上的客户需求。做服务行业就是这样，可能你方方面面都做得很好，但是就一点让消费者不太满意，消费者就会说："还可以，有一点我不满意。"消费者是肯定不会忘记这一点瑕疵的。

携程的用户体验是这样建立的：普通旅游订票网站就是订个票，但是携程不是如此，携程会把消费者需要的信息全部呈现出来，还呈现酒店的信息，提供其他客人对该酒店的点评，另外还会显示酒店周边有什么吃喝玩乐的地方、交通信息，等等。预订航班的话，还会把不同时间、价格的航班呈献给消费者，让消费者一目了然。携程的思想很简单，把所有信息呈现出来，消费者若不需要就是单一服务，若是需要就能够立即提供一站式服务。

经过12年的发展，如家在中国330个城市拥有超过3000家酒店，每天有30万人即每年有1亿多人在如家的平台上体验，用互联网的术语来说，这就是流量。更重要的是，如家的中层嘉宾会员超过3500万，他们对如家的贡献率超过56%，这就是有效用户。掌上如家APP的装机数超过了330万。

在如家酒店集团CEO孙坚看来，顾客从第一天入住到第二天离开的过程中，会有一些碎片化的时间，停留在酒店这一空间，而这些时间与空间正蕴含着商机。2014年11月，如家搭建了一个微型电商平台，即如家优选APP，为住客提供与客房及旅程相关的商品，例如床上用品、特产礼品等，仅月饼的销售额就达2000万元，床上用品也销售了1000多万元。"现在最想做的是全国的土特产，因为这个可以充分发挥我们330个城市的网络优势。"孙坚说。

除了这种消费者的直观需求，如家还关注消费者的隐性需求。我们都知道出差在外，往往要拎着大包小包，在酒店柜台要签字拿证件，包放在地上不太好，放在柜台上不合适，如家就在柜台旁边放置一个不高不矮的台子，专门让消费者放包。这种用户体验是很多五星级酒店都不曾意识到的。

网友们对于如家有如下的评论："网线总是出现在最合适的位置""电源插座数量总是足够用并且位置方便""卫生间总是很干净"……有调查显示，携程和如家超过80%的客源来自于回头客，就是基于这种强大的体验以及几乎无瑕疵的服务，才让挑剔的消费者如此青睐携程和如家。

沈南鹏说："看到过不少中国企业走过这样的弯路。太多模仿海外的商业模式和产品，而忽略了中国的客户是否需要这样的产品。做投资这几年发现，国内和海外优秀的创业者有一个重要的共同特征，他们在做一项服务或一款产品，做这个产品或服务的目的是改变许多人生活和工作的方式，这样的一种创业理念是我们非常认同的。"

5.与企业共进退

红杉资本美国总部曾经给沈南鹏展示过一个数字，就是30年来红杉投资的所有公司在红杉退出之后，其市值加起来又增加了300亿美元，这说明红杉资本看中的项目的持续增长性非常好。对于沈南鹏来说也是如此，他投资一个项目，在其上市后红杉中国再退出，但是红杉中国并不是说赚到这笔钱就完了，而是还要持续关注该企业甚至该行业的成长，投资出伟大的企业才是沈南鹏的理想。

沈南鹏的投资标准比较高，很多风投公司投资的企业，或许沈南鹏就不会投资，他曾经这样说过："我们希望看到的是百年老店，这样我们才能和企业坐在一条船上。"沈南鹏为什么要这样说呢？因为现在有大量的风投公司做投机，有人可能会说风投公司就是投机，道理上确实如此，但是目前有很多风投公司就瞄着一些已经准备上市的公司去投资，上市后立刻退出，赚取大量的钱，这类钱沈南鹏是不屑于赚的。

沈南鹏不想短期套利，而是想投资出百年老店，持续地支持该企业。所以很多拿着商业计划书四处融资的企业，沈南鹏是不会投资的，因为这类企业并没有做企业的态度，只想着四处忽悠风投。

2007年，红杉中国完成了两支基金的募集，分别是风险创业基金和成长基金，资金高达7.5亿美元。这两个基金分得很清楚，成长投资给已经起步、形成规模但是仍然在高速增长的公司；风险创业基金则投资给刚刚诞生甚至还在"纸上"的公司。这可以说是最危险的风险投资，因为在公司很小的时候，只能凭借对创始人的印象和商业模式的猜测做出决定，失败率非常高。

沈南鹏把这两种投资模式称为"锦上添花"和"雪中送炭"。他认为，对于一些已经成长起来并且在未来还要飞速发展的企业，红杉中国帮助其做好上市、兼并，提高社会影响力，这就是锦上添花式的投资。沈南鹏更看重的是雪中送炭，帮助一个还处于创业初期的企业，使其在竞争中站稳脚跟，并且得到快速发展，在未来社会中变成数一数二的重要企业，甚至改变人们的生活方式，这才是最令沈南鹏自豪的投资。

当然，沈南鹏知道雪中送炭付出更大、风险更大，他说："不光是风险，主要是投资之后还要继续跟进，还需要帮助企业做长期的工作。"尽管如此，沈南鹏还是乐此不疲，他说："我认为，这始终是最有意义的投资，对社会有着深远的影响，所以我们必须做，我也乐意做。"

这就是一种和企业坐在一条船上的做法，共进退、共荣辱，被投资的企业倒闭了对于红杉中国来说不仅仅是损失资金，更会影响到声誉。所以沈南鹏将自己的利益与被投资企业捆绑，积极地去给企业雪中送炭。

沈南鹏不仅和企业坐在同一条船上，更是跟红杉中国坐在一条船上，他要绝对地为红杉中国基金负责。曾经盛传沈南鹏投资红杉中国4000万美元，沈南鹏对此不做反驳和解释，也没承认，只是说："每一个投资人在决定投资一个项目时，都要问问自己：'假如这是我的钱，我会投吗？'基金里有了自己的钱之后，换位思考就成了一种必然，同时更是负责任的一种表现。"

沈南鹏这样解释他对于红杉中国基金的态度："当然，两亿美金的基金也不可能全是我一个人的钱，那样就变成沈南鹏基金了。"沈南鹏这种利益捆绑的做法让他赢得了许多人的赞扬，因为他每一笔投资决定若是失败了，损失的可不只是红杉中国的基金，更是自己的钱，所以就要格外谨慎。

沈南鹏还说："风险投资者要乐观、有激情，但同时更要非常谨慎，否则你怎么会面对一个人、一纸计划书就把钱投出去。你决定投某个项目的那一刻，都要对这个项目非常非常满意，有丝毫的怀疑就不要去投。"

沈南鹏的负责任让很多创业者都乐于去找红杉中国投资，他们知道红杉中国一旦看中了他们的项目，就不会轻易放手，会一直给予企业支持。同时红杉中国投资了众多项目，也就意味着在不同行业都有着广泛的人脉，这些公司之间进行合作非常便利。

沈南鹏自豪地说过这样一段话："几年前我们还只能讲一些红杉美国的故事，但是现在，我想我们已经可以给创业者讲一些红杉中国的故事，我们已经有了一批自己的成功企业，我们中国人的品牌也越来越强。"

6.投行路上要有反思

2009年春节，沈南鹏在香港家中抽出时间翻看着新近出版的一本名为《合伙人制》的书。这本记述了高盛公司过去140年间跌宕沉浮的书让沈南鹏很是感慨，合上书，他说："一家好的投行必须有很强的文化底蕴。"

当时金融危机的影响还未消散，红杉中国投资的几家公司就已经开始谋划上市了，尽管这是一个十分令人惊讶的成绩，但是沈南鹏依然保持着清醒。他说："我们每年都在回顾过去的失误中提升自己，恐怕这也是最好的学习方法。"

反思被沈南鹏认为是创业和投资者所必须具备的素质，甚至要形成一种反思习惯，不停地反思，才会有持续的进步。对于沈南鹏来说，他不仅要跟各个寻求投资的创业者见面，为红杉中国制订计划，还要静下来反思，反思失误的案子，剖析为什么失误，总结经验教训。

沈南鹏过一段时间就会去香港待段时间，因为现在北京、上海的节奏太快了，他可以在香港喝下午茶，不谈生意，远离尘嚣，他需要这样的环境来反思。谈到过去的投资问题，沈南鹏是这样说的："我有时倒过来想，当年能不能走得再慢一点儿。当然今天既然已经走到这里，那就看能不能补上一些缺失的东西，包括对中国本土企业的理解；在投资方面，能否用更稳健的方法去管理我们的投资节奏；在具体的投资判断上，反思我们投资哪些公司时调查工作没做好或者判断失误。"

无论创业还是投资，都是有非常高的风险的，沈南鹏说："尽管做了充分准备，商业模式也是正确的，但是仍有很多市场、政策的不确定因素，失败的可能性总是很高。"这也就意味着沈南鹏需要不断地调整航向，修正路线继续前进。

沈南鹏强调："作为一个好的创业者，需要的素质就是根据市场反馈的信息来不断地修正自己的商业计划，改变自己的策略和方向，尤其在公司早期，这是不可避免的。"沈南鹏表示，创业要学会反思，进而善变，通过反思去总结经验教训，通过变化来迎合市场，不至于落后于人。

在投资问题上，沈南鹏也保持着这种态度。沈南鹏在这一行拥有着丰厚的经验，但他并不认为经验就能够代表一切，但经验能够帮助他做出正确的判断。沈南鹏表示，一个刚从学校里出来的年轻人并不会因为有冲劲就更容易成功，最好还是在大型机构积累一些经验，对自己做出反思和评估之后，创业成功概率才会变高。

沈南鹏自己也表示，红杉中国的投资里很多的创业者都是二次创业或者三次创业，在他看来，这种有经验的创业者更容易成功。他说："你通过一次创业，在这个过程当中可能犯了很多错误，也会做很多错事。那么过后，你对这个过程进行反思，进行分析，对于你下一次创业，这种经验是极为重要的。"

这充分说明了沈南鹏对于反思的看重，他自己反思，同时欣赏善于反思的人。沈南鹏认为这样才会给自己带来无限可能，透过反思发现自己的不足，有时候市场竞争中比的不是双方的优点，而正是不足的下限是多少。

曾经有记者问沈南鹏："听说您现在还保留着携程、如家的商业计划书，这是真的吗？"沈南鹏笑着回答道："是真的，而且到现在我有时还会看看这些计划书，会对照自己当年的想法，看看今天做到了什么地步，哪一些没有实现，还会思考一下为什么会出现偏差。"

沈南鹏对记者坦言，反思几乎成了自己的一种习惯，他说："每个人的智力水平可能都差不多，想要成功，最重要的是如何避免短处、发挥长处，这就需要不停地反思，然后做出正确的自我评估。"

沈南鹏说，自己这一路走来，每一步都做了基本完善的自我评估。如当年在耶鲁毕业之后完全可以去做咨询，但是他自我评估一番决定去做投行，原因是投资行业可以发挥他的数学逻辑优势。还有沈南鹏创办携程，也是经过了方方面面的考量，包括他在2005年转去做投资。沈南鹏说："做投资也是经过认真思考的，现在有很多人，企业经营不错就去做投资了，但是我认为每个人都要考虑自己的情况，看看自己是否喜欢、是否适合做投资。我曾经在投行有8年的工作经验，也有创业的成功经历，而且我自认做投资是兴趣和专长所在。"

"不管你是投资还是创立企业，其实每一样都有很多东西可以学习。"沈南鹏说道。可以说正是这种性格让沈南鹏在创业、投资的道路上游刃有余、恣意驰骋。

第十四章　沈南鹏的投资哲学

1.小心谨慎是王道

所谓风险投资，字面的意思就是说投资是有风险的，有很大可能会血本无归。尤其是那种刚刚创业乍看之下前景非常美好的公司，很容易吸引人投钱，结果公司发展起来后发现根本不行，最终倒闭，投资全赔进去了。这个世界上每天都有无数公司诞生，但是真正成功的并不多，沈南鹏的工作就是在无数的公司里面找到有潜力的进行投资，然后赚取高额收益。

现在的情况是，有数万亿的风险资金盯着处在婴儿期的企业，同时又有数以十万计的企业主到处演讲、四处奔波，把自己的项目和公司吹得天花乱坠，只为多拿到一点儿风险投资。

这就意味着沈南鹏的每一笔投资都得格外谨慎，因为他代表的是红杉中国，经不起接连投资失败的舆论压力，在责任上也说不过去。

有人说红杉中国的投资路线看不懂，从酒店、地产、电商、互联网金融、农业，再到动漫领域等，红杉中国仿佛无不涉及，但是沈南鹏并不这么认为。他说："如果从美国的投资思路来看，红杉中国目前的投资分布是不可想象的，但这就是红杉中国作为'当地决策者'的意义。比如说，有些行业在美国属于传统行业，没必要投资，但在中国却刚刚开始，未来有很大的市场，这样的案子，当然需要由我们去发现。"

风险投资是讲究投资项目平衡性的，要按照市场情况的变化调整在不同创业周期内的资金分布；再就是领域要分散，要注重传统行业和新兴产业的平衡。投资不能盲目，沈南鹏的很多投资项目都已经接近成熟期，至少也是发了芽的种子，不会在种子还未种时就开始投资。

投资在一瞬间就能决定，但是决策却早已经开始酝酿了。沈南鹏说："我们的挑选原则是top down和bottom up。什么是top down？就是必须对行业有所了解。比如说，我们觉得汽车行业值得研究，再细分，比如说汽车零配件，我们会请专业的团队去做一个汽车零配件的行业研究报告。如果有投资价值的话，我们会去了解这家公司的融资计划，再做进一步接触判断。bottom up是指别人发商业计划书来，我们跟进研究，看这个行业的投资价值与发展状况，为什么我们的反应常常比较快，因为我们之前做过了解。"

投资宏梦卡通750万美元，是沈南鹏成立红杉中国以来的第二大手笔。沈南鹏对宏梦卡通有这样的评价："卡通行业是一个飞速崛起的新兴产业，宏梦卡通的管理层是一支已经被市场证明过的优秀团队。"

在对宏梦卡通的考察结束后，沈南鹏甚至决定亲自担任宏梦的董事，立即帮助宏梦建立专业的人才团队。沈南鹏运用资源挖来了非常多的人才，包括开发人才和营销人才等。不仅如此，沈南鹏又动用资源，跟英特尔公司合作成立全球第一个电脑动画技术发展中心，邀请著名作家余华、许广跃等组成资本运营团队。最重磅的是找到了原华润万家首席执行官王敬，使得宏梦一跃成为国内顶尖的动漫公司。

沈南鹏对这一系列动作和宏梦取得的成绩很满意，他表示："这是我们登陆中国后第一次投资文化产业，经过了6个月的考察，从企业治理结构到产业发展思路，我们看到宏梦最有可能成为中国的迪士尼，我们希望通过这次合作，为中国民族卡通的产业化发展做出有价值的贡献。"

沈南鹏曾经给优秀的风险投资者下过定义："一个好的投资者能够在各种杂乱的信息中，做出最接近现实的理性判断。"沈南鹏曾经自称是"理性、有心计的赌徒"。他是一个非常谨慎的人，从来不会做没有把握的事情，更不会被一些短暂的利益蒙蔽双眼，所以他的投资都是经过了充分考量，在可以接受的范围里做一些冒险，这才铸就了红杉中国的神话。

沈南鹏从来都不是用赌徒心态投资的——赌对了就赚，赌输了就赔，投资从来不是这样的。2005年，沈南鹏曾经和一家医药公司的CEO见过面，尽管沈南鹏相信生物医药市场存在着巨大的机会，但最终还是拒绝了，他表示，"因为不懂，我很难爱上它"。当年，知名主持人李静创办的东方风行想要寻求投资，沈南鹏摸索了一年半的时间，最终才拍板投资。

或许有人会问：既然沈南鹏如此谨慎，为什么红杉中国的投资回报率不高呢？不是每一家企业都能够上市的，就投资回报率而言，很多企业都给红杉中国几百倍的回报率，确实还有很多企业不温不火，但这不能说明沈南鹏的投资策划是有问题的。沈南鹏自己也曾经说过："媒体说红杉投砸了某某项目，投砸了项目我们以前有，将来也会有，我们不是说在投资的时候不谨慎，而是尽最大限度做到谨慎，但是像这样的情况还会继续，因为这是风险投资中一个基本的规律。"

沈南鹏在演讲中这样说道："我们今天投资每家公司，心里面比以前更加谨慎小心。为什么？现在同样一个杯子，以前卖20块钱，现在卖40块钱，就是这样，这是没有办法的。这个杯子还是杯子，不管什么在市场上都一样。"沈南鹏指出，现如今投资界的一些泡沫所在，充分说明了他的头脑始终是清醒的，在投资界只有谨慎才能避免失败，或者说减少失败的概率。

2.细节决定成败

20世纪世界最著名的建筑师密斯·凡·德罗总结他成功经验时讲了一句话："魔鬼在细节里。"密斯认为，无论一座建筑多么气势恢宏，只要细节把控不到位就是失败的，所以密斯在设计大剧院的时候，会亲自精确测算每个座位与音响，根据每个座位去设计最合适的摆放方位，甚至连螺丝钉的位置都要反复琢磨。

投资就是个"盖楼"的过程，不断地添砖加瓦，稍有不慎，整栋大楼都会塌掉。经常出现某企业诞生于天时地利人和之时，正要大展一番拳脚，却怎么也发展不起来，实际上就是细节没做好。细节这东西虽然特别小，就好像熬了一锅美味的汤，却多放了盐，多放的几粒盐对厨师来说不算什么，但是对汤来说是极为重要的。

沈南鹏说过："考察人是一个很花时间的事情，你的经历多了，至少知道谁是不好的CEO。在上海我可能有二三十个朋友，但是我也就投了江南春一个。这方面没有固定模式去套，有些问题的考察是量和度的把握。"有传言称，沈南鹏跟江南春只吃了两顿饭，沈南鹏就决定加入，其实沈南鹏是做了很多考察的，只是在饭局上看到江南春这个人就下定决心投资了。

在投资中沈南鹏注重细节，在创业中沈南鹏更是对细节一丝不苟。俗话说："千里之堤，溃于蚁穴。"有这样一组发人深省的数据：中国企业的平均寿命为7年左右，民营企业的平均寿命更是只有3年——这样的数据不得不引起人们的警醒。尽管一家企业的寿命长短是由很多因素决定的，但是我们可以看到，现在大多数企业对细节其实并不在意，产品能用就行，很多地方都是粗制滥造的。

在这种情况下，中国的企业是倒闭一批就诞生一批，很多企业家都是"捞一笔钱"的想法，企业又怎能长久做下去？这是中国企业界的不好现象，不过也有很多企业家有责任心，非常注重细节，但是不知道该如何把细节做好，最终也是功亏一篑。

在沈南鹏创办携程和如家的时候，他对细节的把控堪称到了极致。细节之处见真功，沈南鹏表示，想要提升核心竞争力的办法很简单，那就是取决于细节做得是不是足够好。

沈南鹏说："我在携程所做的CFO不是特别典型的中国企业家治理结构下的CFO。我既是携程最大的个人股东，也是创始人，还是总裁，又是CFO，这些身份的融合使得我往往能够在第一时间切入到业务的细节进行管理，而且越是业务细节的东西，我越要了解。"

苹果公司为什么能够风靡世界，其产品的优质令人意料不到，早在1975年乔布斯和沃兹尼亚克在小车库里组装第一代苹果电脑的时候，乔布斯就把机箱内的螺丝位置做得对称，电路板整齐划一，沃兹尼亚克表示这些没人看得见，乔布斯说："我看得见。"

有人说细节只有0.01厘米的距离，这0.01厘米可能就是一家世界500强公司与垂死挣扎两年倒闭的公司的差距，其实仅仅一步之遥，但就是迈不过去，这就是"魔鬼藏于细节之中"。

3.不重视人才终将无人可用

红杉中国与红杉资本的最大区别可能在于沈南鹏更重视团队，而红杉资本则更偏向于合伙人驱动的模式。沈南鹏相信应该培养年轻人才，有时候他直接从商学院刚毕业的学生中招分析师，然后让他们跟着自己或者同样入选全球最佳创投人榜单的周逵去参加董事会议。这种做法在红杉中国非常常见。沈南鹏拥有一支由50来人组成的专业团队，专注于尽职调查和发现投资项目。

创业中，沈南鹏重视人才。就拿选员工来说，沈南鹏有自己严格的原则，总结来说有"三看"：一看应聘者的诚信。沈南鹏说："在短暂的面试中是问不出来也考查不出来的，你只能从应聘者的表述去分析，这是比较难的。"诚信是沈南鹏看重的第一要素，如果不具备这个品质，那么应聘者即便能力再高、专业水平再强，也会被拒之门外。二看学习能力。他认为应届毕业生有没有工作经验都不是重要的，重要的是应聘者是否有很强的适应能力和学习能力，尤其学习能力，有没有学习能力在面试时就能一眼看出来。三看应聘者对于企业文化的认同感。沈南鹏要求员工来工作不是为了找个工作，而是认可这个企业，认为能够在这里实现理想、抱负。

如果没有理想、没有抱负，对企业文化不认同，那也不可能成为好员工，于公司、于个人都十分不利。

在携程有CEO和员工一起吃午餐的制度，携程的员工不会被牢牢"锁"在椅子上工作，如果工作时间太久了，就可以去喝一杯咖啡或者锻炼身体，还有各种俱乐部活动。有调查显示，在2006年的"离职员工调查"中，有80%的员工表示愿意重新回到携程。这就是沈南鹏重视员工、重视人才的成果。

在管理人才上，沈南鹏用的是"人治"，员工进入公司第一天，公司就会把举报信箱、CEO信箱、审计信箱告知他们。沈南鹏制定了360度评价体系，对员工进行全方位的评价，不至于偏颇。

除了公司底层的员工，在公司的上层，沈南鹏也要四处"挖角"，挖来行业里的人才。如在投资宏梦卡通之后，沈南鹏就四处为其搜罗人才，最终将原华润万家公司的COO王敬说服到宏梦，沈南鹏评价道："一个在华润万家管过两百亿元销售额的运营官，最熟悉零售、产品授权、品牌营销等，而另一边是在内容创业和设计等方面有10多年经验的公司，两者能够走到一起合作，就是这个公司的最大优势。"

在投资中，沈南鹏更是视人才为投资的第一标准。当年沈南鹏看中周鸿祎这个人能成大事，所以告诉周鸿祎无论做什么项目红杉中国都投资，这就是一种伯乐的眼光，一眼就能够发现人才，并且全力支持人才。还有沈南鹏投资江南春、陈欧的时候，看的就是这两个人能力出众，再加上他们的公司模式独特，就完全可以吸引到沈南鹏的投资。

都说"物尽其用，人尽其才"，但是真正做到的人并不多，尤其是当一个人才在面前的时候，这个人有哪方面的才华，有哪方面的弱点，能够胜任什么工作，这是很多CEO掌握不好的，很容易大材小用或者小材大用。有句名言说："垃圾是放错了位置的财富。"高明的管理者能够广结人才，也能在自己的手下充分发掘人才，并且给人才一个合适的空间去发挥。

除了上述这些，还有红杉成员企业校园行项目，每年在中国十几个城市的顶尖高校举办，红杉团队会与超过30家被投企业与大学生们实现面对面交流，并从中招聘人才。沈南鹏在过去几年中为被投企业挖掘到了至少4位首席财务官，而他自己每年要面见的新公司多达150余家。

所谓千里马常有，而伯乐不常有，做投资、开公司从某种程度上来说就是在扮演伯乐的角色，能否招揽更多的千里马效力，决定了这家公司能够走多远。

4.抉择必须当机立断

有人说："这世界上最难的就是抉择，好像一次赌博，赌对了成为赢家，赌输了就身无分文。"尽管现实生活里的抉择没有这么夸张，但是比喻依然很形象。对于沈南鹏来说，他的投资人身份就是要不断进行抉择，抉择正确就能成就投资人生，投资失败不仅会损失金钱，还会让人暗笑。

很多人都觉得红杉中国投资百发百中，其实不是这样的，红杉中国的投资是有迹可循的，而且也并非百发百中，只是沈南鹏的判断更准确而已。沈南鹏说："对于投资家，选择能成功的创业者是一门艺术。"很多投资创业者的失败不在于项目的失败，而是被投资人的能力不够，所以才让很多投资家看走了眼。说到底还是要抵制住诱惑，做出最冷静的分析，才能做出最佳判断。

2015年10月，美团网和大众点评合并，成为业界大事，而如今的美团网创始人、美团和大众点评联席CEO王兴在演讲中透露，此次合并的背后有红杉中国的巨大推动力。王兴回忆了自己当年刚做美团就立刻接到了红杉中国的电话，王兴和沈南鹏的第一次见面也很有趣，王兴说："一上来，我们简单地互相介绍之后，他居然没有让我详细阐述美团的商业计划、业务数据或者其他方面，而是他先介绍他自己，介绍红杉，滔滔不绝地讲为什么美团应该拿红杉的钱。所以那次我才知道这才是真正厉害的投资人。因为他们在前面可能已经做了很多功课，他对这种模式有非常清晰的看法，甚至比当时的创业者还有更清晰的判断。"

沈南鹏的每一次抉择都是在周密分析下做出的。身居高位，处于投行最高级别，没有人能告诉他应该如何做，他依靠的只能是自己的经验、调查到的数据和多年的直觉。

除此之外，沈南鹏有着过人的冷静。沈南鹏的冷静在于他投资不为利益所驱动，他并不是为了赚钱，当然为红杉中国拿到投资回报也是必然的，沈南鹏现在要做的是"中国一些最优秀的公司在初期是由红杉中国提供资金"，这样的描述才会让沈南鹏感到欣慰，这正是他创办红杉资本的意义。

曾经有记者采访沈南鹏时问道："你在1999年以前，先后在雷曼、德意志、花旗工作，在金融行业已经做到了巅峰，却毅然选择创业。但创办携程网时，其实正是互联网泡沫危机的时候，那个时候的动机到底是什么？"

沈南鹏回答当时的决定的确有些冒险，因为他并没有创业经验，更没有多接触互联网。沈南鹏说："一个年轻人在那时能够觉悟到这就是泡沫，不容易吧。当时不去做互联网行业，对很多人来说是个遗憾，对我也是一样，因为互联网在改变和影响着很多行业。当然对于我来说，这个决定难做一些，因为我不是学IT的，也不是一个程序员或产品经理，但我还是决定下海创业。"

可以说促成沈南鹏做出这样抉择的还是他内心深处的激情。他说："如果当年留在了美国，可以肯定的是，我还会在花旗的那个办公室，每天开着车去上班，在一笔又一笔交易中重复着自己的工作，做一个中产阶级而已。"确实，沈南鹏在花旗银行时职位就已经开始上升，在很多人看来正是要不断地晋升到高管才行，沈南鹏却偏偏要跳槽，他的性格里面就有些冒险品质，所以投资人这种风险与荣耀并存的职业才适合他。

李开复说："抉择前重重思考，抉择后轻轻放下。"沈南鹏是那种拿得起放得下的人，从来不会为错误的抉择而懊悔不已，以至于影响了下一次的抉择。沈南鹏也做过一些失败的投资，但他不会因为一次的错误而影响自己新的投资。他总是用过人的智慧进行冷静的分析，最终做出最正确的判断。

5.红杉中国的世界里没有创业"冬天"

2015年10月17日，在红杉资本中国基金与创业者十年盛典上，沈南鹏与创业者们展开了对话，他在演讲中说道："在过去10年里，我们合作过的VC/PE同行超过100家，尤其是天使基金，我们有很多合作案例……从京东商城到唯品会，从美团到大众点评，从华大基因到全棉时代，从中通快递到德邦物流，从诺亚财富到拍拍贷，从韩后化妆品到小样乳酸菌，从饿了么到赶集网，从今日头条到秒拍&小咖秀……"

这是一份颇具荣耀的成绩单，红杉中国在过去10年里创造出了非常辉煌的成绩，对于一个普通人来说，可能在不经意间他使用的东西都有红杉中国的投资背景，网购逛一逛京东、唯品会，中午用美团或者饿了么点个餐，门铃响了是快递……可以说沈南鹏交出了一份非常闪耀的成绩，但是这还不够，因为红杉中国还要走下一个10年、20年。

沈南鹏在演讲中说："最近一些媒体说创业和创投的'冬天'到了，这在2008年我就听说过，在2012年我也听说过，在所谓的'冬天'里红杉播种的种子所长出的庄稼，不少看来都非常健康。在红杉的世界里没有创业的'冬天'，我们追随的是优秀创业者，追随的是创新的技术和创新的商业模式，'冬天'可能对于我们来讲是更好的播种时机。"

在过去10年里，沈南鹏带领下的红杉中国投资大致分几类：

一、电子商务

这是沈南鹏最看重的，红杉资本先后投资了京东商城、聚美优品、唯品会和麦考林等已经上市的电商，并且还有阿里巴巴、酒仙网、美丽说、蚂蚁短租、牛车网、乐蜂网等。

2.金融类

金融产品现在炙手可热，沈南鹏自然也不会放过，红杉资本投资了拍拍贷、融360。

3.本地生活类

大众点评、美团、饿了么等本地生活服务类也是红杉资本投资的重点，囊括了团购、外卖两个领域。

4.教育、文化娱乐体育类

这个很少提到，红杉中国投资了轻轻家教、超级课程表、万学教育，在娱乐类还投资了东方风行、56网等。

5. 医疗健康类

红杉中国投资了九九维康、大姨吗、更美、杏仁医生看处方等生活里很有用处的医疗健康项目。

6. 旅游类

这是沈南鹏的老本行，红杉中国投资了走着旅行、途牛、驴妈妈，在国内的旅游行业里已经占据了一片天地。

除此之外，红杉资本还投资了一些企业游戏、游戏、SNS社交网络、汽车交通等类别。这就是沈南鹏说的"没有冬天"，他能够敏锐地发现机会，很多人都说"冬天到了，企业不好做，投资不好投"，但是沈南鹏却说"冬天是最佳的播种时机"，这需要很强的胆识与魄力，去发现，去播种，然后帮助种子成长。

这就是沈南鹏的投资哲学之一：坚韧，逆流而上，他懂得在别人都绝望的时候感到希望。可能是因为沈南鹏是从创业者走过来的，而且他自己创办过两家上市企业，他深谙创业之道，能够敏锐地判断寻求投资的创业者是否真的具有成功的潜质。在2008年金融危机的背景下，红杉中国并没有因为金融危机而停止投资，他们仍然在看项目，对外投资的步伐也没有放缓，只是选择项目的时候更加慎重了一些。

红杉中国在2006年向奇虎360投资了600万美元，紧接着第二轮投资中注资100万美元，每股66美分。奇虎360首日上市股价达34美元，红杉持股8.5%，价值5.05亿美元。由此计算，红杉700万美元投资5年获得72倍回报，净赚4.98亿美元。2006年的奇虎360非常小，而且当时的互联网大环境也不是很好，然而沈南鹏却敢于投出600万美元，这就是他逆流而上的能力。红杉中国十年，沈南鹏用这种投资哲学打造了多个上市公司，很多创业者在接到红杉中国电话的时候，都欣喜若狂，这就是沈南鹏的能力。

6.保持"饥饿感"和热情

周鸿祎曾评价沈南鹏，说他是一个饥饿的人，这里的饥饿并不是生理上的，而是精神上的饥饿。已故苹果创始人乔布斯在斯坦福大学演讲时也讲道："保持饥饿。"其实精神上的饥饿是一个人前进的推动力，是一个人产生热情的前提。

沈南鹏本来在投行做经理，但是他选择出来创业，原因就是投行的工作已经满足不了他逐渐饥饿的精神，他需要更多的挑战。周鸿祎曾经说沈南鹏像鲨鱼，闻到一点儿血腥味就立刻游过去，事实上，沈南鹏每天都随身带着3部手机，需要不停地打电话、接电话、发电子邮件，他每天工作在10个小时以上，还要开各种各样的会议。但是沈南鹏对此的评价是自己正在从事世界上最好的工作。

因为风险投资这一行每天都有新的挑战，能够充分地激发他的热情和动力，他是一个喜欢前进、喜欢挑战的人，让他坐在办公室不断地重复工作是不可能的。沈南鹏为什么在携程和如家蒸蒸日上的时候退居幕后而转投红杉？答案是因为他真爱这一行，他享受的是创办公司的过程，携程和如家基本上不需要他管理了，而且风险投资这一行又是他的最爱和擅长，所以更能够激发他的热情。

在2015年的"红杉资本中国基金十周年暨创业者盛典"上，沈南鹏的老友梁建章回忆了当年沈南鹏淡出携程的"内幕"。梁建章说："12年前，携程上市两年后，还记得那天在丽江，我们一起在开管理会，他过来跟我说现在找到一个更好的机会，现在要跟我'分手'。那时候我还没想退休，携程上市时间不长，而且这么好，我们在蓬勃地发展，还有很多改变整个行业的机会，我问他怎么你现在就走了？我不记得他跟我说了什么原话，我当时的感觉就是他已经找到另外一个'真爱'了。"

这是沈南鹏的"饥饿感"所驱动的，驱动着沈南鹏一步又一步地前进，他对每一项事业都带着极大的热情，对任何新鲜的事物都带有"饥饿感"。沈南鹏说："热情能够克服恐惧，有助于事业上的成功，赚更多的钱，做更大的事，也享受更健康、更快乐的事，我每时每刻都保持着热情。"

软银董事长孙正义在投资行业里堪称是老前辈了，他扶植起来的公司不计其数，包括阿里巴巴。孙正义曾经这样自述道："我大概30年前创立了软银公司，当时我没钱，没有经验，也没有生意上的关系，有的只是激情，还有一个成功的梦想。我要成为在日本甚至全球非常成功的人，提供新技术，给人们提供新的生活方式，我希望通过电脑以及后来的因特网的力量，来实现我的梦想。30年前，我曾经一无所有，但现在我们公司雇佣两万多名员工，收入达到260亿美元，有几百个互联网公司，我不断实现了我的梦想。"

爱默生曾经说过："有史以来，没有任何一项伟大的事业不是因为热忱而成功的。"沈南鹏在谈到创新的时候也强调了热情的重要性："我只能说在创新过程当中，你需要对自己做的事情始终充满热情和强烈的好奇心。"

成功者是随时随地都能够激起热情的人，沈南鹏的一路成功并不是偶然的，他的热情，他的"饥饿感"，他时时刻刻都在改变的想法，他喜欢迎接新的挑战，而这也正是投资行业里需要的品质，所以沈南鹏才在投资行业里如鱼得水。

第十五章　红杉中国的未来投资版图

1.投资人要事先规划好版图

红杉中国自诞生以来就如同中国投资海洋里最活跃的一条大鱼，先后投资了非常多的项目。那么红杉中国投资这些项目的依据和判断是什么呢？其实沈南鹏早就有了一个投资地图，引导着他的投资。

沈南鹏说："在我们早期投资里面，不同的阶段还是会有不同的投资脉络，这个脉络帮助你判断一种商业模式有没有可能兴起，投资人要早一点儿有自己的思考，也要早一点儿有自己的拼图。"

2008年全球金融危机，生意都不好做，红杉中国也开了很多会议，当时他们整理了一份移动互联网"地图"，每天都反复研究。

这张"地图"上面有运营商、SP（电信增值服务提供商）、游戏公司等产业链环节，并标明各个环节的关系。对着这张图，红杉中国开始研究有哪些点应该去看一看，有哪些点可能会有机会。沈南鹏承认，那时很多认知非常肤浅，但重要的是能够不断去尝试完成拼图，大量地去企业、运营商、海外公司，做拜访、了解，到了一定阶段，图像整体就特别清晰。

沈南鹏说："红杉在未来的投资中沿着这张图不断深入和补充，因此能捕捉到一批今天从竞争中脱颖而出的互联网公司，都是因为这张图，让我们提早布局。"沈南鹏表示一定要有耐心，因为当初投资的时候并不能预料到日后市场会变成什么样，或者该企业会如何发展。沈南鹏说："我如果跟你说，我2006年投大众点评时就看到它会成为一家团购公司里面的巨人，这肯定是瞎掰。2006年我看到的就是它的本地广告模式。"

2008年之后，红杉在互联网领域的投资不断增加，每年投资频率都达30次或更多，其中涉及互联网应用的投资数量最多，占据了一半以上，唯品会、美团网、京东商城、奇虎360等项目早就在这一时期开始了布局。在选择和取舍中，投资人对未来的掌控能力得到彰显。

沈南鹏表示："你必须思考10年以后的中国互联网应该是怎样的状况。当然我们想象的画面与最后的画面会有差别，但是你至少要去想象，这个工作我认为对每个投资人来讲都是非常非常重要的。"沈南鹏认为投资人很难看出快一步的机会，但是至少能快半步，而这快半步也正是基于自己心中早已经建立了投资地图，每一笔投资都有迹可循，最终把整个行业盘活起来。

2.发掘优秀创业者，布局资本全产业链

2011年3月16日，聚美优品宣布获得了红杉中国千万美元的投资，红杉中国的持股比例为18.7%。3年后，聚美优品成功上市，市值逼近40亿美元，红杉盈利接近80倍，投资大获成功。当时的创始人陈欧只有26岁，陈欧只用了4年时间就将聚美优品带到了纽约证券交易所，成为纽交所历史上最年轻的敲钟CEO，个人财富达到了15亿美元。

沈南鹏说："这样的公司还很年轻，还有很长的路要走，路途也会曲折而充满挑战，但这代表了中国的年轻一代——80后、90后会给我们带来的可能性。我相信在他们当中一定会诞生下一个联想、华为、百度、腾讯和阿里巴巴。"

如今互联网行业发展越来越迅速，很多年轻人都走上了创业之路，同在投资界的IDG已经开始布局90后创业者了，甚至连腾讯都组建"90后企业家俱乐部"。对此，沈南鹏心里很清楚，关注优秀的创业者，这是他一贯的作风。沈南鹏甚至表示："我们认为不需要成立专门的90后基金，因为我们已经在投资早期互联网公司中把90后作为很重要的一个创业群体来看了。"

沈南鹏越来越把目光放在新崛起的优秀创业者身上，这些80后

甚至90后们头脑活跃，有着极高的潜力。沈南鹏表示："15年前的互联网创业潮诞生了阿里巴巴、腾讯、百度、新浪和携程等一批优秀企业。今天创业的选择更多了，热点领域不断增加。互联网和医疗这些大行业里机会更加广泛，很多细分领域都能出大公司，全民创业的时代到了。"

2014年11月28日，红杉中国向本土化妆品品牌韩后投资了上亿美元的A轮融资，让人惊呼。沈南鹏谈到投资韩后时表示，主要因为两点："第一，近年来国内化妆品品牌崛起，扭转了国外化妆品的强势地位。第二，韩后拥有电商基因，红杉才选择与之合作。"

我国化妆品市场近10年来增长了10倍，成为世界上仅次于美国的化妆品第二消费大国。在这股增长趋势下，本土品牌逐渐崛起，将一直强势的外资品牌压缩至45%的市场占有率，占据了大半壁江山。韩后的模式是线上加终端再加屈臣氏以及电视购物的全面销售渠道，韩后进入了1万多家专营店，在全国有100多个专营店经销商，同时还进驻了国内1850多家屈臣氏、500多家KA渠道。这是韩后在未来市场上做大的基石。

沈南鹏投了不少类似的企业，多半跟电商相关，如唯品会、美丽说等细分市场的垂直电商，也有阿里巴巴、京东这种大型电商平台。随着互联网的不断发展，各行各业其实都有互联网的身影了，也就出现了"互联网+"这个词，其实也是互联网的理念。

小麦公社是一家校园综合服务O2O平台，致力于改善校园内的物流，堪称是"最后一公里"的壮举，我们都知道校园内的物流极为不好做，而小麦公社"明知山有虎，偏向虎山行"，没想到发展得还挺快。当小麦公社开到18家店时候，红杉中国找过来了。小麦公社联合创始人张树泉说："我们甚至都没有正式的商业计划书，但红杉很有诚意。他们表示，除了给你们钱之外，还可以给你们资源，陪你们一起成长。红杉的诚意也确实打动了我们，最后，我们要了红杉的投资。"

小麦公社在校园里开展物流，甚至要送货上门，在校内建设物流营业厅，向上整合主流电商和第三方物流公司，向下则向校内学生提供物流服务。学生们通过小麦公社取件非常方便，对包裹快件实时监控；提供每天10小时的自提服务，此外，小麦公社还全程监控问题包裹，售后可取证维权，从而保障学生的权益。

小麦公社没有让沈南鹏失望，如今小麦公社已经覆盖全国近千家高校，日均处理包裹20万单。沈南鹏完全打破了红杉资本美国总部只投互联网和高新科技行业的惯例。沈南鹏在谈到投资逻辑的时候说："重要的判断要素是尝试着去预见未来，可能出错，但得形成自己的独特判断。O2O是万亿市场，金融服务是万亿市场。除了这两个以外，还有没有别的万亿市场在互联网行业化中会产生？沿着这个逻辑去思考，你会很清楚地知道你的投资重点在哪里。"

沈南鹏说："我认为投资家是这样一类人，他们在长时间里，在中国的环境里，能够找出一些大的发展趋势，能够帮助一批中小企业成长。第一，这是个长期的事情，不是短期的事情。投机者可以短期，但是投资家必须长期。第二，你必须有能力预见一些大趋势、大方向，不然的话你的投资肯定就是碰运气。红杉30多年来投资了这么多成功的企业，为什么？就是那几波科技大浪它都预见到了，而且比较早地介入了。作为一个投资者，你得有这样一种判断力、前瞻性。"

3.整合资源要放眼全球

2015年，沈南鹏参加了Ninebot与小米联合收购电动平衡车鼻祖Segway（赛格威）的新闻发布会，这次收购案中，红杉中国起了推波助澜的作用。

如今电动车行业突飞猛进，各种独轮车、电动踏板车等新产品相继出现，但是赛格威却一直不温不火，技术上和销量上都没有进步。

沈南鹏认为这是因为赛格威的成本太高，售价令消费者难以接受，所以就发展不起来。而在国内，深圳有大量相关的配件制造商，供应链成本低，国内的工业设计也有了长足的进步，成本非常低，那么为什么要收购美国的赛格威呢？

沈南鹏解释道："这个收购还是蛮有代表性的，现在的中国企业应该意识到，你做的产品可能并不比美国人差，很多行业的产品也完全可以进入全球市场进行整合，做行业老大。不光在产品竞争上有信心，在资本上也没有问题，在股权和杠杆融资等方面，都可以获得很多支持。"

　　沈南鹏认为，中国电子消费产品发展过程中，与硬件制造的优势比较明显相对薄弱的软件方面，近几年也有了快速的进步。大量的工程师快速成长，不仅让国内产品在APP、大数据方面等智能功能得以实现，更让产品的迭代速度大大提升。

　　如今，任何一个拥有雄心壮志的企业都应该具备整合全球资源的大视野。以蓝色巨人IBM为例，IBM早在几十年前就开始强调"创新商业模式"及"全球化"对于企业发展的重要性，并且提出"全球整合型企业"这一全新概念。全球整合型企业这种模式将全球人才、技能、专业知识等资源捆绑在一起，变成无缝的整合公司。

　　而国内整合全球资源最出色的公司当属华为和联想。华为的产品和解决方案已应用到全球100多个国家，服务全球三分之一的人口。华为在全球各地拥有优质资源的地方建立了16个研究所、28个联合创新中心和40多个专业能力中心。华为通过这些研究所、联合创新中心和能力中心与全球几百个合作伙伴合作，将自己的全球价值链打造成了一个全球化的创新平台，华为全球的客户都可以通过这个平台用最短的时间分享来自全球不同地方的最新创新成果。

　　联想先后收购了Thinkpad和摩托罗拉，获得了大量专利，联想电脑现在已经成为世界第一销量品牌，美国人、欧洲人都在用联想电脑。现在就是一个全球化年代，任何企业都可以在其中获利。

　　沈南鹏作为红杉中国掌门人，多年的风投经历使得他明白自己最大的优势就是遍布全球的资源，而他也将继续在这一项优势上发展下去。对于很多创业公司来说，获得红杉投资不仅仅是一大笔钱，更能够获得红杉在全世界范围内的资源。红杉的重要投资案例之一、世界领先的无人机生产厂商DJI大疆创新，其产品在两年多的时间之内更新三版，实现这样快速的迭代不容易，这让大疆在世界范围的竞争中得以领先。

这就是沈南鹏的目的，他游走于美国、中国之间，发掘着各行各业最新的商业模式，进一步整合全球资源，为创业公司提供全球资源，帮助创业公司发展壮大，帮助各个领域的优秀企业快速成长，也为公司获取丰厚的投资回报。

4.下一个BAT，盯紧万亿市场

沈南鹏颇具雄心壮志，他不仅要帮助中国企业迈向国际，更要投出下一个BAT（百度、阿里巴巴、腾讯），打造出一个万亿市场。

沈南鹏表示不会关注夕阳产业，如果要让沈南鹏为现在增长最快速、潜力最大的产业做一个排名，互联网金融和O2O一定会名列前茅。沈南鹏认为，这些产业和房、车的互联网产业化机会一样，同属万亿级别市场。

沈南鹏早就根据他的投资图谱进行了布局。拿互联网金融来说，红杉先后对雪球财经、拍拍贷、金斧子、随手记、富途证券、融360等多家互联网金融企业进行了投资。红杉在这个领域投资的成功，归功于对行业的深刻理解。

O2O这方面更加直观，美团网就是典型的O2O网站，而红杉中国在美团A轮融资的时候就投资了1000万美元，红杉中国提供的资金让美团迅速发展，并在"千团大战"中资金链强大，最终胜利。

2015年1月18日，红杉等投资机构以7亿美元的总额完成了对美团的D轮融资，这样大手笔的投资让行业为之侧目，这也是红杉第三次追加投资。沈南鹏认为，虽然美团的O2O正处在非常快速的发展阶段，但鉴于线下服务市场的庞大，仍会有相当多的市场有待发掘。这笔资金将被用来继续拓展各类线下服务业的互联网化，以完善美团的生态化战略。

目前，沈南鹏把目光多集中在互联网金融、电商、物流、社交网络、医疗等行业，这些行业都是近年来高速成长同时又缺少大量资金的，甚至对于其中很多企业来说，能否成功只在于能否拿到风投。

沈南鹏投资的企业不断在美国上市，也有在美国市场和香港市场的公司登陆国内资本市场，如快乐购、万达院线、光环新网、联络互动等优秀企业。面对众多成功的投资案例，沈南鹏坦言，对于红杉过去10年的经营，还是比较满意的。"在红杉参与过的200多个案例中，出现了一批非常不错的企业，而且最有价值的是出现了一批行业的改变者，一批创新型的公司。"

当年孙正义投资刚刚起步的阿里巴巴2000万美金，而2014年阿里巴巴在美国成就了史上最大IPO，孙正义一跃成为日本首富。这可能是所有投资家都梦想的事情，重要的不是投资回报率，而是在自己的投资下，诞生出一个世界范围内举足轻重的大企业。红杉资本在美国就曾经投资出无数个成功的项目，如大名鼎鼎的苹果、谷歌、雅虎、思科等，造就出一批伟大的企业。这不光是一个优秀的投资人就能做到的，而是需要一个真正的投资团队，并且有着长时间的历史底蕴才能够把握住商界轻微的脉搏。

2015年，一家来自中国深圳的无人机品牌大疆被越来越多的人熟知，很多人都不知道中国大疆在全球无人机市场份额中占据70%！《福布斯》杂志预计大疆会在2015年销售额突破10亿美元。2015年1月，一名美国情报机构雇员下班后因醉酒将一架无人机开到了白宫草坪上。这架无人机正是大疆的Phantom。亚马逊正在测试用无人机投递小型包裹，无人机商用已经形成趋势，航拍、农业、新闻、消防、救援等领域都能用上无人机，大疆作为中国品牌已然成了全球领先的创业者。

而这一切都被沈南鹏看在眼里，他从来不会错过一个极具潜力的市场，红杉中国已经入股大疆，只不过投资细节还未透露，但也充分说明了沈南鹏敏锐的观察力和迅捷的执行力，沈南鹏就是在寻找着这样的机会。他说："从今天向后看20年，如果中国的500强企业中能有那么10家20家行业指标型公司是红杉投资的，那就是我们最大的成功。"

第十六章　沈南鹏对年轻的创业者说

1.有梦想的人再不创业就晚了

沈南鹏投资过80后创业者陈欧，陈欧用了4年的时间就把聚美优品带到纳斯达克上市，这充分说明了年轻人的创造力不可低估。沈南鹏一向对年轻人很有信心，沈南鹏说："我接触过很多85后创业者，我相信新一代会比上一辈创业者更加出彩。原因是这批年轻人有更开放的心态，更具国际化的视野。"

沈南鹏认为："如果现在大学校园的主力是95后，职场的生力军是90后，那么创业的先头部队就应该是85后了。想想也是，最早的85后如今也已是而立之年，也是该出成绩的时候了。"

沈南鹏在更深一层的分析上是这样说的："（85后）他们就是移

动互联网。85后他们70%的人第一次接触互联网是来自于移动互联网而不是PC互联网，这一点对我们60后、70后是完全不适用的。"

沈南鹏感慨道："以前我们说80后创业好像还是很新鲜的事情，其实，今天80后的CEO比比皆是。在互联网行业里面，甚至90后的创业者也有很多非常出彩的地方。"沈南鹏认为，互联网本身就是一个颠覆性的行业，年轻人正因为没有太多的社会和工作经验，反而更容易在一些商业模式的创新上做出更多大胆之举。其实这也是很好理解的，因为年轻才能承受失败、不怕失败，若是50岁创业失败，想东山再起可就难了。

如沈南鹏所言，现在有非常多的年轻的创业者都做出了非常出色的成绩，看到年轻人崛起，沈南鹏很高兴，他认为这不仅仅代表着中国企业的未来，同时也意味着自己的投资方向有了更多的选择。

继帮助陈欧走向纳斯达克后，红杉中国与真格基金又共同投资了蜜芽宝贝、51Talk、无忧英语、大姨吗、格灵深瞳等当前炙手可热的项目。红杉中国目前非常注重年轻创业者的"孵化"，甚至会邀请年轻的创业者到红杉内部进行交流。

沈南鹏曾经对年轻的创业者说："TMT领域早期创业项目到了85后和90后们主唱的时代，他们的思维更加活跃开放，对市场痛点和机会的捕捉能力更加敏锐，我们酷爱他们的激情与梦想。"沈南鹏认为今天互联网的主流用户是85后、90后，这样的CEO更加了解年轻人的运用和现实体会，他们更知道用什么样的产品能够更好地服务他的客户。

沈南鹏认为年轻的创业者们要拥有五大特征才能成功：

第一个特征：能够承担风险的意愿和能力。创业是十分艰难的，可能很多人并没有真正做好准备，也就是小看了创业失败带来的负面影响。沈南鹏表示必须要看清失败的后果，并做好迎接风险的准备，同时最重要的还要真正具备承担风险的能力。

第二个特征：开放的心态。沈南鹏说："很多传统的企业家问我，应该怎么面对互联网或者是移动互联网的挑战，这个问题非常重要，如果原来是做制造业的，那就要看有没有一种开放的心态学习，愿意了解一个新鲜的行业。"新技术、新理念如今层出不穷，作为创业者要有极强的学习能力，这需要具备开放的心态去容纳那些新东西，才会有可能为企业带来领先于竞争者的变化。

第三个特征：资本、资金和资源的投资。沈南鹏表示："很多产业必须通过长期持续的投入才能产生服务，但资源的投入同样重要，这意味着可能需要时间，也意味着很多资金的投入，这也是作为企业家需要考虑的。"沈南鹏认为创业是一个长期的过程，像当年携程融资的时候，第一轮融了200万美元，在很多人看来这已经非常多了，但是沈南鹏立即开始准备下一轮融资，不会等200万花没了再去融资。因为只有具备足够的资本、资金，才能够获得更多的资源来发展。

第四个特征：一个长期的观点和视野。沈南鹏说："当一个企业家创业的时候，往往面临的是中长期的战斗，这时候如果有一个比较稳定的创业环境就会产生一种长期的观点和视野。你看全世界都在吸引企业家投资，那么对于企业家来说最重要的诉求是什么？就是希望能够有一个稳定的环境和长期的收入。"

第五个特征：追求卓越，坚持自我。沈南鹏是这样说的："互联网让这个世界越来越扁平化，如果有好的产品和服务，无论在哪里都会形成气候。在这样的竞争条件下只有做到最好才能够成功，而不是做得比较好，所以必须要有追求卓越和极致的互联网精神。有时候要有一点点偏执，因为偏执就意味着在别人不太看好或者存疑的情况下，坚信自己的判断，从而坚持到最后。"

除了要具备这些特征外，沈南鹏认为，一个优秀创业者还要具备强大的对所在行业的影响力。沈南鹏表示，曾经跟一个美国大学的招生主管谈论过"一个学生最重要的能力是什么"，该主管表示是影响力，而不是考试的分数或者智商，就是指进入大学以后和同学之间能不能有互动，能不能影响别人，能不能带来东西给一个群体，做出相应的贡献。沈南鹏表示，若是在创业期间能够坚持并发挥这种能力，就有可能变成重要的素质，帮助创业。

2.创业者要具有"反木桶思维"

沈南鹏说过这样的话："很多人应该都听说过'木桶理论'，

但创新企业和传统企业在有些方面的逻辑和规律是不一样的，创业者更应该具有'反木桶思维'。"这种思维说起来也简单，就是打破原有的固定思维，找准自己的优势，集中发展优势，让自己木桶的长板更长。

沈南鹏是这样解释的："尤其初创型的企业，只需要在某一个领域中做到极致，就可以因为这一个点而迅速壮大，成为这个领域中的明星企业。面对一个早期企业，如果我们要求它每一个方面都很强大，最后往往会扼杀这个企业起步和成长的可能性。早期企业需要的是专注，而早期创业者应该把自身的优点尽可能地发挥出来。"

具体来说，这是一种小公司在行业中突围的办法，因为初创的小公司资源、人力、时间都有限，不可能四处弥补自己的缺点，那并不现实，很容易把自己的企业拖垮。在实际运用中最经典的例子就是戴尔电脑突围IBM。当年的蓝色巨人IBM在全球电脑行业里一家独大，IBM不光垄断了市场，更垄断了供应链，几乎所有的供应链都乐于跟IBM合作，很多小厂商本来生意很不好，在IBM的挤压下，这些小厂商连电脑配件都是IBM挑剩下的。面对这种情况，刚成立不久的戴尔走的是一条不一样的路。戴尔电脑没有IBM大，渠道不全面，但是它也创造了自己的优势。戴尔电脑开创了电脑销售的新模式，也就是电话直销，并且把这一点做到了极致，一下子销量就猛增起来，如今已成为全球前三的电脑品牌。

这就是"小木桶"发展长板赶超"大木桶"的商业案例。说白了，"反木桶思维"就是跳出思维限制，打破一种"哪儿不行补哪儿"的思维限制，而是开创新的商业模式，集中优势去猛攻市场。

再举一例，20世纪70年代，由于电子行业的发展，全世界范围内开始流行起了电子表，对瑞士那种传统机械表形成了猛烈的冲击，瑞士手表厂商的应对方法也非常简单：继续把机械表做到极致。几十年过去了，电子表几乎没有人戴了，但是瑞士机械表却成了高端人士的象征。瑞士手表厂商的聪明之处在于，当年若是赶潮流做电子表，那就属于后起之秀，永远落后于人，另外，如果瑞士手表妥协了，就会让外界对他们失去信心。而他们的优势就在于几百年间沉淀的制表工艺，这是全世界都无人望其项背的，所以瑞士手表继续把这一点发扬光大，到今天依然是全球最顶尖、最受高端人士追捧的手表。

市场上总是有霸权，弱小的新生力量根本无法与之抗衡，正面冲突如同以卵击石，就算是武功高强的乔峰，一个人也无法抵挡千军万马。所以避实就虚、扬长避短才是四两拨千斤的明智之举。这就是"反木桶思维"的本质，不过这并不代表"木桶理论"就不适用了，"木桶理论"仍然是每一家企业都应该注意的。沈南鹏也说："不过，创业者尽可能地发挥自己在某一方面的优势，并不意味着创业者可以很快获得成功。企业家如果只追求短期利益，没有办法成就一个伟大的企业。尤其在创新行业当中，创业者需要有耐心，需要经过很长时间的打磨，需要很长时间的积累。"

3.人脉也是重中之重

什么叫人脉？人脉，是相对而言的。彼此有价值、资源有互补、能够相互带来帮助的时候是脉，如果没有这些则只是人。俗话说："单丝不成线，孤木不成林。"可以说，基本上没有一个创业者是单独一个人就把企业做起来的，每一个创业者或多或少都要在企业内部有几个帮手，同时在更广阔的地方也要有人脉才行。

在1982年第一届全国中学生计算机竞赛上，沈南鹏和梁建章这两个数学"神童"同时获奖。二人在领奖时相识，之后沈南鹏进入上海交大数学系，而梁建章就读于复旦计算机本科。在沈南鹏还不知道资本为何物的时候，就收获了人脉。4年后，二人同时来到美国，沈南鹏在耶鲁攻读商学院，梁建章在乔治亚理工学院获得硕士学位。毕业后，一个在华尔街做投行，一个进了甲骨文研发部。

若干年后，他们的命运再次交叉，这一次，彼此成了对方的人脉，并且扩散到更多的人脉上，形成了以"携程四君子"为中心的人脉圈，遍布旅游、投行、酒店等行业。这就是人脉的力量，强有力的人脉能使创业事半功倍。

沈南鹏刚刚踏入华尔街的时候也没有人脉，谁都不认识，只好自己一点点地打拼。沈南鹏说："人脉是与年龄呈线性比的，是一点点跟着时间走的。"8年的投行生涯让沈南鹏收获了数不清的隐性人脉资源，在他创业的时候发挥了极大的作用。

沈南鹏不断强调人脉的重要性，他表示通过互联网积累人脉比其他方式更加实用，因为对于职业人脉和团队成员来说，成功的团队和成员将会在职业生涯产生更佳的交集，同时也能在交流过程中提取精华，从而得到不断提升。

沈南鹏催生人脉的方法是用理念，而从来不用利益。这一点体现在沈南鹏和张帆携手创办红杉中国上，沈南鹏跟张帆完全是因志同道合而走到一起的。沈南鹏曾坦言，中国的投资应当懂得混圈子、找人脉。或许正是因为他对互联网圈子的熟知，因此才能频频在互联网领域中有所斩获。沈南鹏也表示过，在对创业者进行考察时，首先考量的就是该创业者的社交图谱是怎样建立的，以及如何与创业团队成员熟识的，"人与人之间的组合和配合非常重要"。

沈南鹏这样说过："风投行业经常讲投入，你在这一行里积累的时间较长，个人阅历足够丰富，能够积累大量的行业内的联系。而将关系转变为投资，需要的是一个好的切入点。比如我认识齐向东、江南春可能很久了，但没有一件具体的事情来呈现彼此的理念，就不会产生化学反应，就不会有合作，也就不会把关系变成投资。"

商界流传着这么一句话："只要我的人脉还在，白手起家就不难。"小米科技创始人雷军曾写下这样的微博："2010年4月6日，北京中关村保福寺桥银谷大厦807室，14个人，一起喝了碗小米粥，一家小公司就开张了。"

几年之内小米手机在中国市场占有量第一，创造出了一段"小米神话"，除了小米的互联网概念以及"发烧"的态度，雷军的人脉恐怕也起到了很大的推动作用。雷军的另一个身份是天使投资人，他投资过UC浏览器、凡客、YY、拉卡拉、迅雷等知名公司，他们在小米刚创建的时候，用自身的平台给予小米一定的支援。当年凡客火的时候，在上面卖小米，用凡客的快递送小米。

并且，雷军凭借良好的人脉能够四处"拉人"，目前小米科技里有来自微软、谷歌、甲骨文、金山、新浪的高级人才，甚至小米还找来高通的全球副总裁加盟，足以证明雷军的人格魅力。雷军说过："商业上的成功最重要的就是像毛主席讲的，把朋友弄得多多的，敌人弄得少少的。过去几年我一直提醒自己，人若无名便可专心练剑，所以尽可能不参加会议，认认真真做东西。对我们这么小的公司来说，最重要的是广泛结盟，以开放的心态来合作。"

对于想要创业或者正在创业的人来说，如何建立自己的人脉呢？最简单的两个方法就是处理名片和参加活动。有人说一张名片就意味着一个朋友、一笔生意，不要对某些看上去毫无价值的名片产生轻视的想法，因为你不知道何时就会求助于名片的主人。要把一切名片都做一个妥善处理，储存下重要的信息。

多参加活动也是建立人脉的好方法，如某些企业的产品发布会、新闻发布会，创业者都应该知道，这些企业邀请你是有目的的，一般都是想卖产品或者服务或者给你讲解一种观念，但是作为创业者的我们别在意，如果你不喜欢，也不想购买他们的产品，你可以去那里认识人，那里有很多企业界的人，可能会有你的目标客户。要在活动中进行充分的交流，往往能够有所收获。

沈南鹏做的是把别人的人脉变成自己的人脉，把自己的人脉变成别人的人脉。对于创业者而言，沈南鹏认为需要超强的学习能力，其中重要的一点就是懂得鉴别和什么样的人建立人脉关系。依靠自己的人脉去赚钱的人是一种投资境界；而把自己变成别人的人脉，引领别人走向成功是另一种投资境界，沈南鹏就属于后者。

4.做自己最擅长的项目

2010年，沈南鹏在2010创业邦年会暨"创业邦100"颁奖盛典上演讲时说："有很多企业家看到别的行业比较热……我们都知道今年团购模式在中国很热，很多企业家看到这个模式很成功，就表示也要来做一下，看看是不是有机会成功。"他反对这种做法，"就是说你追逐一个行业热点，但可能发现你自己未必是为这个商业模型里做了最好准备的人……就像我们做投资一样，我们这个团队是不是在这个行业里有我们的专业知识和能力，这确实也需要积累，我们希望投资行业在我们所涉及的行业里，我们是懂得比较多的，这样的话我们才有希望成功。"

沈南鹏成长之路的幸运之处就在于他所做的一切都是自己喜欢的、擅长的，年少时学习数学，是沈南鹏最大的乐趣，在美国步入华尔街也是他的兴趣所在，到后来的创办携程、如家、红杉中国，沈南鹏一路上都在追随自己的喜好和擅长，把优势发挥到最大。沈南鹏说："在创业之初，选择自己喜欢的行业非常重要。但在此行业创业时，你要先问自己是不是在追逐别人的梦想。不要追任何行业，当这个行业太热的时候就要被降温。创业首先要找一个自己喜欢的，而不是追逐别人喜欢的。"

　　沈南鹏不会看到电商很热就自己也做电商，不会看到O2O很热就自己也做O2O，他很清楚自己的优势在于风险投资这方面，所以他才告诫创业者们："创业要做自己喜欢的、擅长的。"

　　前几年团购网站火热，短短时间内就诞生了6000多家团购网站，发生了"千团大战"，最后赢家只有美团等几个网站；打车应用前些年也变得火热，黄蜂、摇摇、快的、滴滴、出租通、招车即来等等，然而到现在还"坚挺"的打车软件也就剩下滴滴打车和快的打车了，而且二者也合并为滴滴出行了。现在全国还有上百家公司在做手环，销量10万以上的只有小米手环一家，很多手环公司根本就卖不出去产品。

　　这充分说明了创业不是跟风，可能某一行业特别火爆，好像随随便便就能够做起来，但是当你真正步入之后，还是要拼实力的。每一个行业都是大浪淘沙，如果你对这个行业不熟悉、不擅长、不喜欢，就盲目地去做，最后只能自吞苦果。

做自己喜欢的事业才能够有热情坚持下去，做自己擅长的事才能更好地发挥自身优势，提高创业成功率。百度掌门人李彦宏也说："内心的喜好是推动事业进步的最大动力，它能帮你克服困难，坚持到底；如果你喜欢的事情有很多，要挑选自己最擅长做的事，这样就能在感受快乐的同时取得超乎常人的成就。"

李彦宏当年为什么做百度？因为他在美国的时候为道·琼斯公司设计了实时金融系统，现在还应用于大部分华尔街网站，并且李彦宏最先创建了ESP技术，并将它成功地应用于Infoseek搜索引擎中。李彦宏拥有的"超链分析"技术专利，是奠定整个现代搜索引擎发展趋势和方向的基础发明之一。不夸张地说，李彦宏当年的搜索技术在全世界都是首屈一指的。

马化腾当年为什么做腾讯？因为他在深圳大学主修计算机及应用，并且于1993年取得深大理科学士学位。在创办腾讯之前，马化腾曾在中国电信服务和产品供应商深圳润迅通讯发展有限公司主管互联网传呼系统的研究开发工作，在电信及互联网行业拥有10多年经验。

很难想象当年拥有全球最顶尖搜索技术的李彦宏去做QQ，也很难想象当年拥有全国最先进即时通讯技术的"小马哥"去做百度并能成功——这反映了很多现在的大公司成功不是偶然的，是创始人的必然选择，循着自己所擅长、所热爱的行业去做，这就会先天比别人多一些优势。

把握自己擅长的优势就意味着能够在最短时间内发挥出优势，自己明白优势真正在什么地方。比如，"携程四君子"之所以要走旅游路线，一方面是经过了深思熟虑，认定国内旅游服务互联网企业还是一块空白；另一方面，季琦和梁建章对旅游行业比较了解，而且他们还找来一个对旅游行业有专家级了解的范敏。

沈南鹏和季琦在2002年创办如家的时候，也是考虑到了携程所具备的优势，携程可以跟如家直接挂钩，而且做旅游这种与酒店业息息相关的产业使他们也非常了解酒店。如果沈南鹏没创办如家而是创办了一家农业公司的话，携程是根本无法发挥优势的，自己也完全不了解。所以沈南鹏很聪明地利用自己已经拥有的携程优势，以及数以百万计的携程用户，一下子就能够把如家的客流量带动起来。

5.要成功就要够努力，够坚持

曾经有记者问沈南鹏："您为什么会选择劳动强度更大的投资生涯？"沈南鹏回答说，自己在携程上市后的确可以选择去休息，但是他觉得自己"还有精力和欲望去帮助中小企业成长"。那他为什么没做个人投资者呢？这是因为沈南鹏希望中国能有一个完整的投资团队和机构来帮助中国的企业成长。

沈南鹏感慨道："其实，不管做什么工作，只要你想在竞争中脱颖而出，就必须付出更多努力。"沈南鹏并不觉得自己是靠运气才取得今天的成就的。沈南鹏说："我在毕业找工作时很不顺利，被很多投行拒绝，但谁都不会写这段，别人只看到我今天的一点成功。我觉得时势造英雄。如果早3年创办携程，我们可能成先驱了；如果晚3年，我们可能很难成事。这么说来，我们有运气。但要做成一件事，运气只占两成，剩下的八成都要靠努力。"

的确，当年沈南鹏作为耶鲁大学的高才生却在华尔街屡屡碰壁，其中的酸楚恐怕只有沈南鹏才清楚。还有人认为沈南鹏有多年的投资银行经验和广阔的人脉，这些帮助携程融资、上市，应该很轻松。但是沈南鹏并不是这样认为的，他表示，自己尽管在上市敲钟的时候很光鲜，但也是做了大量的努力之后应得的，沈南鹏有80%的时间用在了日常管理上，每一个动作都会对携程产生深刻影响，所以沈南鹏凡事都要经过深思熟虑才行。到现在，沈南鹏每天的睡眠都不多，晚睡早起是每天的习惯，醒来就要开始工作。

当年沈南鹏回国做互联网的时候，已经32岁了，这个年龄不算大，但也不小了。沈南鹏看到好多同期创业者都是二十几岁的年轻人，这些人更加了解互联网。所以沈南鹏知道自己要更加倍努力才行，同时也要小心谨慎，自己绝对犯不起错误。

沈南鹏的创业历程中接连遭遇互联网寒冬以及"非典"，在这种残酷的阶段，公司几乎停滞，但是沈南鹏没有松懈，因为他知道一旦松懈了就会引发携程网的崩溃。所以在那个阶段，沈南鹏最忙，他每天都要思考如何让企业渡过难关，还要给员工们树立信心、加油打气，好在沈南鹏的坚持让他的企业走出了泥沼。

其实成功要靠努力是很多人都明白的道理，但为什么创业成功者那么少？原因就在于努力程度不够。很多人吃一点儿苦、受一点儿累就觉得自己很努力，就总想坐下来歇一歇；殊不知旁边的人更加努力，很快就把他超过去了。

在创业的过程中，没有幸运儿，最终的胜利只属于真正能吃苦的人。潘石屹也是一代创业的代表，他当年吃的苦很多人都无法想象。1988年，潘石屹变卖全部家当，甚至把睡觉的棉被都卖了，辞掉工作毅然南下。当他到达南头关时，身上只剩下80多块钱，这便是多年后外界描述的潘石屹的"创业资本"。由于没有特区通行证，潘石屹还不能直接进深圳。无奈之下，只得从这笔少得可怜的"创业资本"中拿出50元找"蛇头"带路，从深圳二线关铁丝网下面的一个洞里偷偷爬进了深圳特区。

起初，潘石屹在一家皮包公司里给人跑腿，后来跟着老板来到海南，管理一座砖厂。1990年春节前后，海南刮了一次特大台风，损失很大。海南经济开始陷入困难泥潭，很多人没有工作，凑热闹的人也基本都返回了老家。潘石屹管理的砖厂，砖一块也没卖出去。民工们没有饭吃，潘石屹就把自己的钱掏出来，让民工买上一袋米，吃上几天，吃完了掏钱再买一袋，就这样慢慢地坚持着。最终潘石屹迎来了机遇，与冯仑等人合伙创办了万通公司，就此走向自己的事业巅峰。

沈南鹏曾经多次强调创业者要能坚持，要能耐得住寂寞，要努力拼搏直到成功，他认为这才是创业的全部意义。

6.创业是风险与幸运并存的游戏

沈南鹏有冒险精神，但同时具备了极高的冷静思维——这可能跟他年少时十几年的数学训练有关，这就使得沈南鹏很与众不同。他不是那种中规中矩、按部就班的人，但他也不是贪功冒进、抵不住诱惑的人。

熟悉沈南鹏的人说他是一个厌恶风险的人，其实沈南鹏是厌恶"无法掌控的风险"，对于自己不能掌控的事情，他有着天生的警觉。简而言之，沈南鹏所冒的险，都是可以承担后果的险。沈南鹏自己是如此阐述的："假如我手上有100元，我可能只赌20元，我一定会预留的。"对于富人们喜爱的游艇，沈南鹏也不怎么着迷，"因为我发现小的游艇晃得厉害，相对来说，我更喜欢高尔夫和爬山，海上的东西还不如在陆地上来得扎实。"

沈南鹏曾坦言创业不易："大家看到了百度和分众，但是没有看到他们后面1000家、2000家没有出名的公司，他们有很多从来没有长大过，有些倒闭了，有些半死不活的。"有人认为企业家感叹创业不易属于"甜蜜的牢骚"，其实站在企业家的角度上来说创业真的很不容易。

翻开任何一个企业家的简历，我们就会发现都是颇具波折的，都有低谷和迷茫的时候，有多少企业诞生之初就差点坚持不下去。以2014年成就纳斯达克最大IPO、在全球出尽风头的阿里巴巴来说，马云当年的艰辛甚至令人难以想象。马云创办中国黄页，出门连打车钱都舍不得，坚持了几年，刚盈利的时候又被迫卖掉，1999年卷土重来，有了阿里巴巴。而为了阿里巴巴，马云更是飞遍全世界演讲，也曾面临着倒闭的危机。

现在很多人被互联网+、O2O等概念搅得头脑发热，在这些人看来创业如此简单，辞了职、退了学、借了钱，公司就做起来了。然而有多少人认真地想过，公司没法盈利怎么办？没钱做广告怎么办？公司要倒闭了自己能承受得起吗？很少有人想这些，只看见貌似美好的前景。

沈南鹏说："创业本身就是有一点儿风险还有一点儿幸运的游戏。我们今天看携程，至少有30%的幸运成分在里面，我们也付出了非常大的努力，但是如果中国的旅游市场再晚三四年起飞，如果当时酒店行业没有经历快速的腾飞，那么我们可能就变成'先烈'了，而不是今天的携程。"

沈南鹏又提到如家酒店，他说如果再早几年创办如家，可能同样没人去住。市场因素很重要，有很大的幸运成分在里面。沈南鹏说："我们不能提高我们的幸运，但是我们可以提高这个概率，我们都应该知道如何提高概率，就是要比别人做得更好。”

沈南鹏还拿比尔·盖茨举例，大家都看到比尔·盖茨没毕业就创立了微软，他认为良好的基础知识、良好的学习对后期的创业非常重要，“创业是容不得你去重新学习的”。也就是说，如果不思考清楚，盲目创业，很容易付出一次终生都翻不过身来的代价。

创业不是你胆子大、一直向前冲就能成功，也不是你小心翼翼、规规矩矩就能规避风险，创业是要在能承担的风险中前进，做得比别人好，再加上一点儿幸运，才会有很大的可能成功。

7.创业就是要努力创新

2014年，在中国企业家领袖年会上，沈南鹏谈到投资的“新常态”，他表示：“其实新常态对投资行业来讲就是意味着对创新的关注，对红杉中国来讲，不投资创新，没有更多意义。”沈南鹏说，要做的就是不断地寻找下一个创新的想法和创新的产品，以及有想法的企业家。

沈南鹏展示了一个数据，在全球财富500强中，过去4个10年中，在1970年至1980年，新入选的企业占比21%；1980年至1990年占比27%；1990年至2000占比30%。“也就是说你不创新就会被淘汰”。沈南鹏表示，这个百分比会越来越大，互联网时代几乎改变了一切行业。沈南鹏还举了一个传统行业里的例子：“比如服装行业是一个传统行业，我们举个例子，美国有一家公司，今天它的市值是160亿美金。这家公司确实有比较长的历史，1981年诞生，但是它在2003年的时候一共只有5家店，从2003年到2014年变成160家企业，超过很多百年品牌公司的市值。这就说明传统行业完全可以做出创新的产品、惊艳的产品，以至于成为一股新崛起的力量。我相信在中国，由于巨大的经济体量，这些传统行业当中的创新还是刚刚开始。"

沈南鹏表示，百度、腾讯、阿里巴巴等中国互联网巨头的成功缘于他们的创新技术，而决非简单照搬国外类似的企业。很多国外媒体认为中国互联网企业比美国晚了几年，所以在模式上是模仿美国公司，但是沈南鹏并不这么认为，他说这是一个"取经"的过程，并且不断地保持创新，中国互联网企业不比美国差。

创新是一个企业最重要的特色，换句话说，一家小企业什么都没有，但是有创新的模式，就能够吸引到风险投资或者大公司的合作。风险投资公司要的是新模式、新的东西，而不是对原有模式改个门面那么简单。从创业者的角度来说，如果没有创新，那是根本无法把公司做起来的。

打个比方来说，现在让你去做跟QQ类似的即时通讯软件你做得起来吗？现在让你做搜索你做得起来吗？现在让你做购物网站你做得起来吗？如果你做的没有创新，那么就会死得很惨，因为市场早已经被同类产品占据，而且这些公司都具有极强的资金实力，在这种情况下甚至连微创新都不行，一定要有颠覆性的创新，另辟蹊径，才能站得住阵脚。

拿人手一个的微信举例，微信是2011年才上线的，当时市场上已经有不下20个同类产品，如微聊、飞聊、米聊、神聊等，那么微信是如何脱颖而出的呢？背靠腾讯这棵大树固然是重要因素，但更重要的是微信具有极强的创新力。

第一代微信的口号是"能发照片的免费短信"，这个时候微信用户量远远少于竞争对手。微信随后推出了对讲机，又推出了引爆微信的"摇一摇""二维码"，"摇一摇"在当年火爆的时候相信大家都玩过，这一时期微信迎头赶上。之后微信又推出了朋友圈以及微信支付，每一步都走在竞争对手前面，最终无人匹敌。

当然市面上除了微信，现在还有陌陌、易信、米聊，也保有不少的用户量，下面简要分析一下它们的各自优势，也就是说这几款软件在微信一家独大的情况下是如何用创新突围的。我们知道微信主打通讯，陌陌就走的是"交友"，强调年轻人用陌陌进行交友，而不是通讯。易信则是主打免费网络电话，这种创新让易信的用户量突破了1亿人。米聊则是基于小米手机强大的销量，也占据了不少市场。换句话说，如果现在有一家公司想要做即时通讯软件，就必须找出与上述几家相比有创新的理念，否则会死得很惨。

沈南鹏说："不要迷信大牌或者迷信某个大腕的说法……我相信每个人的创新都是一样的，每个人都有超越自己、超越大牌投资人的潜力。"

阿里巴巴掌门人马云甚至这样说道："创新不是要打败对手，而是要与明天竞争。"无论是过去还是未来，能创新的企业才是王道。没落的摩托罗拉和诺基亚在创新大潮中被大浪拍在了沙滩上，当年雅虎的门户网站模式、谷歌的搜索引擎模式、亚马逊网上书店模式等都是创新，如今这些网站都已经成为一方巨擘，所以说创新是企业的第一推动力。

第十七章　沈南鹏的朋友圈

1.周鸿祎眼中的沈南鹏

沈南鹏跟周鸿祎很早就认识，周鸿祎曾经讲述过自己跟沈南鹏的认识经过，他说："我记得那会儿是我离开雅虎后不久，有一次到人民大会堂开一个会，我印象特别深。当时开完会出来，我们俩都冒着雨在那儿等车，然后我就站着跟他聊了一会儿。他说他要自己出来做投资了，如果我这边自己在做公司或者投资什么公司，一定要告诉他。后来，我从IDG出来做了奇虎。最早是想做搜索的聚合BBS搜索，这是我开始给团队找的一个方向，之后团队发展到大概有100人了，规模也比较大了，就想正儿八经融一次资，当时也没搞明白我们在做什么，沈南鹏就决定投了。"

周鸿祎当时脑子灵活，定了好几个方向，比如把社区、博客、论坛里所谓用户产生的内容聚合成一个阅读的门户，叫作搜索聚合。还有，当时周鸿祎就产生了团购的理念了，他想把所有的餐馆都连起来，包括优惠券，有点儿类似大众点评网再加上团购。

周鸿祎还讲述过当年的一件趣事，说红杉中国当年差点儿投资校内网，"我记得好像是去红杉办公室，我忘了是开什么会，结果他们对我说，隔壁屋里坐了几个小孩，红杉让我去见见。"可见沈南鹏跟周鸿祎关系之好。周鸿祎说的那几个小孩就是校内创始人王兴的人，结果当时王兴一副特别牛的样子，周鸿祎问话他们还爱搭不理的。回来周鸿祎就说这团队不行，给红杉中国推荐了另一个网站，结果校内网就没拿到红杉的投资。

周鸿祎说沈南鹏是一个"挺明白"的人，他是这样形容的："从他们当年做第一个项目开始到第100个项目，我觉得他都没有变化，他是这样一个饥饿的人，看到项目就像闻到了血腥味的狼一样，或者像鲨鱼闻到血腥味一样，听到一点儿风声他就会去拼抢、去追踪，是一个非常积极的人。"

2008年，沈南鹏和周鸿祎也不知道谁买了两张北京奥运会跳水的门票，两个大男人就坐在最高处看跳水，边看边聊天。周鸿祎说想做免费杀毒，沈南鹏特别惊讶，说："现在你卖杀毒软件还是有收入的，再整一整到两个亿的收入，很快就能上市了。"周鸿祎并不这么想，沈南鹏最终接受了周鸿祎的意见。现在，周鸿祎的360安全卫士用户人数已经将近3亿人次，在全国遥遥领先。

周鸿祎也讲了沈南鹏的"缺点"："非要说缺点呢，他的缺点就是，脾气比较急。你们觉得沈南鹏虽然打扮得一丝不苟，头发梳得油光发亮，但实际上，他做事就跟踩了风火轮一样，他跟你开个会，一会儿接个电话，一会儿回个邮件。遇到什么事情马上给你打个电话，然后交代你办完，恨不得盯着你马上给他办。每次见到沈南鹏，他都比较乐观，他很少忧虑、很少沮丧。我看见沈南鹏，我就会想起什么呢，这样说有点儿不礼貌啊，就会想起杜宾犬。他一直都是斗志昂扬的。"

周鸿祎曾表示，沈南鹏是他的学习榜样，他把沈南鹏比喻成鲨鱼和杜宾犬，可以说很形象地描绘出了沈南鹏的特点。

2.季琦：始终是好朋友

季琦和沈南鹏同出身于上海交通大学，在创办如家时，也是季琦跟沈南鹏一起主导的。然而后来季琦离开如家创立汉庭，却被很多媒体和业内人士解读为"沈南鹏赶走了季琦"。

真实的情况当然不会是这样，在一次接受媒体采访时，季琦澄清了所有的误会。季琦跟记者表示：一起创业是一个很好的体验，创业成功后的"分家"也并不意味着友情结束。季琦说："事实是，我们几个人都非常珍惜彼此的友谊。从携程到如家，这么多困难都是我们4个人一起走过来的，大家都不会忘记。现在分开做事只是由于大家的价值取向有所不同。沈南鹏觉得投资好，做了红杉投资公司；我喜欢酒店，做了汉庭连锁；梁建章觉得这几年很辛苦，去美国休息、游学；范敏现在是携程网的首席执行官。对于外界的猜想，我只能保持沉默，我不能左右别人的思想，解释有时候反而会让外界认为我们心虚。再说，我们几个在创业之初就已经分配好利益，又怎么会不和？"

季琦表示并不存在谁"请"谁离开的问题，一切都是季琦创业狂人的本性，是他自愿离开的，而且离开后还保留着如家的股份，严格来说也不算是"走"，只是退出了如家的管理层面。

曾经有一档节目请了"携程四君子"，在节目现场出现了季琦对其他两个人直呼其名却称沈南鹏为"沈先生"的情况，被外界解读为季琦不愿意亲密地叫沈南鹏，二人的关系似乎已经生疏。

面对这样的传言，季琦更是大呼冤枉，他解释说："那次上节目，我想是在正式场合，由于南鹏是在做投资，为了表示尊重，我特意叫他'沈先生'，没想到却被大家曲解了。我和南鹏私下是非常好的朋友。我女儿现在6个月大了，中国的风俗是小孩要穿干妈送的衣服，我女儿的很多衣服都是南鹏的太太送的，而南鹏家的红木家具也一直放在我家，难道这叫不和？"

并不是所有的企业创始人分开就是"分崩离析"，因为每个人都有自己的追求，可能在最初阶段大家的追求是一样的，都想办一家企业，当企业做成之后自然就会产生新的追求，这些人会记得当初创业的日子，更忘不了彼此之间的感情，即使各自都成立了公司，友情依然存在。如"携程四君子""腾讯五虎""百度七剑客"，等等，在企业不同的阶段需要不同的管理者，人在不同的阶段也需要不同的事业，所以说不能对沈南鹏和季琦这种情况妄加猜测、解读，很多东西都是子虚乌有的。正如季琦所说的，他十分珍惜彼此的友谊，不光和沈南鹏，还有梁建章、范敏，毕竟第一次创业时是他们4个，并亲手把携程送到纳斯达克，这一过程中凝结下来的友谊是远远超过局外人想象的。

3.余华：我的朋友沈南鹏

沈南鹏一直在商界遨游，每天都要跟不同的人见面谈风险投资，如果说沈南鹏跟著名作家余华是好友，想必让很多人吃惊。

沈南鹏和余华算半个老乡，沈南鹏是海宁人，余华是海盐人。沈南鹏说，他们那个地方的人都没有什么脾气，却有股坚忍不拔之志，性情相投是最初的契机。很多人都不知道沈南鹏其实比较文艺，喜欢读小说，他对余华的作品更是爱不释手，像余华的代表作《活着》《兄弟》，沈南鹏都非常喜欢。沈南鹏说过："主要是写自己家乡的事情，有些细节特别感人，虽然我在老家待的时间很短。"

而余华也非常大方，将自己的作品《兄弟》的电影版权赠送给沈南鹏，沈南鹏表示那是他获得的最贵重的礼物。

　　在沈南鹏投资宏梦卡通的过程中，余华起了很重要的作用，因为动漫也属于文化产业方面，余华就做了"红娘"，为沈南鹏和宏梦卡通牵线。沈南鹏说："他是我们的介绍人，他是红娘，因为他在资本层面很熟悉，当然文化产业他就更熟悉了，我们这样做资本的很难跟做文化创意的人直接接触。"最后还让余华出任了宏梦卡通的文学顾问和新公司宏梦数码的董事，沈南鹏这么做是让余华为宏梦的文化把关，由此可以看得出来他特别信任余华。

　　余华曾经评价沈南鹏身上融合了多种正反的特质：骄傲与谦虚，激进与保守，强硬与温柔。而对于沈南鹏的投资工作，余华的理解也相当精辟："海明威说过一句话，他所有的长篇小说都以为是一些短篇小说，结果收不住尾巴了，变成了长篇小说。我觉得风险投资就是这样，一个永远只会是一个短篇小说的产业或者是一个企业、一个公司，由于沈南鹏介入后，可能就会成为一部巨著，当然还有可能仍然是一部短篇小说，但是10部里面有两部是巨著，就够了。"

　　沈南鹏跟余华的关系好到一起参加电视节目，既可以聊投资，也可以聊文学。沈南鹏认为，"资本是无情的，人应有情，要让钱为我所用，不能为之所困。经商不能只懂得赚钱，更需要人文关怀，更需要社会责任心"。余华作品里带有浓厚的人文关怀，或许这是沈南鹏最为看重的一点。

余华说："作家和搞资本的其实是一样的，因为如家也好，携程也好，对于沈南鹏来说，就相当于我过去的两部作品，已经完成了，但永远抱有真挚的感情，这个感情是别人不能体会的。你问一个作家他满意的作品是哪一部，通常都是回答'下一部'。"

人文关怀的契合点，让沈南鹏和余华成为兄弟。沈南鹏其实喜欢广结好友，但是像他对余华这样重视的并不是很多，换个角度想想，一直在商界中打拼，能有个作家朋友也是件难得的事。

4.媒体眼中的沈南鹏

"他身材瘦长，头发、装扮都一丝不苟，有些艺术家的气质。他眼镜后面的目光精明而富有穿透力，给人的感觉是一个追求完美、注重细节的男人。"这是《瞭望东方周刊》对沈南鹏的描述。之前的沈南鹏梳着大背头，戴着圆形老式眼镜，很有上海人的样子。现在沈南鹏把头发剪得更清爽了，衣着也更加显得精明干练、潇洒利落。

媒体看到的沈南鹏的外貌形象就是这样的，那么媒体眼中的内在形象是怎样的呢？

2006年，沈南鹏接受《财富人生》邀约，跟着名主持人叶蓉进行了一次充分的交流。该节目把沈南鹏请去做了一次嘉宾，让沈南鹏对风险投资行业做些点评。沈南鹏在节目中畅谈自己心中所想，倾吐创业路上的风风雨雨。

整个节目中，沈南鹏儒雅、淡定的风度给观众留下了深刻的印象，主持人叶蓉最后总结道："你是一个神秘的富豪，在你理性谈吐的背后，我看到儒雅的外表不能掩盖那颗充满激情的心灵，游走在资本漫天飘洒的舞台，只有守住自己的梦想，才能守住自己的核心竞争力。"

在录完《财富人生》3个月后，沈南鹏又接受了上海电视节目《波士堂》的邀请，节目同时邀请了3位来自企业界、文化界的知名人士组成观察团，其中一个就是沈南鹏的好友余华，另外两个分别是湘财证券首席经济学家李康、零点调查集团董事长袁岳。

几个人在节目上你来我往、滔滔不绝，从各自的领域发表了不同的看法，而沈南鹏也让观众看到了他真实的一面。观察员如此评述沈南鹏，沈南鹏最大的优点就是他的每一步都在发现自己，这个世界上有很多聪明人，但并不是所有的聪明人都成功了。一些聪明人一生都在从事着与自己毫不相关的工作，导致他们即便再有才华也发挥不出来。而沈南鹏就是一个能不断发现自己的人，从他改学MBA就可以看出他很清楚自己的强项，再到后来创办携程、进入投资界都是不断肯定自己能力的过程。

沈南鹏在那段日子很活跃，或许是想为红杉中国扩大影响力，他参加了数档节目的录制，也并不局限于经济类节目。比如沈南鹏被邀请参加CCTV2《对话》节目，这是一档演播室谈话节目，除了主持人和两位嘉宾外，还有两位幸运观众参与整个谈话，沈南鹏和主持人以及嘉宾们在节目中谈笑风生。

沈南鹏在节目中用浅显易懂的语言向观众们介绍了风险投资是怎么回事，以及他会考虑投资哪类企业，等等。这种风投名人在节目中讲解风险投资的情况并不多见，当时风险投资在国内还属于比较新潮的经济概念。随后，沈南鹏又频频出现在央视的节目中，如《商务时间》《经济半小时》等著名节目都出现过沈南鹏的身影。

沈南鹏很重视媒体，也很善于运用媒体工具，他认为"媒体是极具影响力的，它可以影响客户和投资者的行为取向，还可以影响金融市场。建立良好的媒体关系，有助于建立品牌，塑造良好的声誉，使公司在竞争对手中脱颖而出"。

媒体眼中的沈南鹏是很准确的，精致、果断、认真等关键词都符合沈南鹏的特征。对于沈南鹏来说，媒体也可以是他的朋友，这是他的性格使然，他对待每个人或者媒体都是温文尔雅的，这让沈南鹏在圈内圈外一直都有非常好的声誉。